楽しく即実践！「困った」が減る

発達が気になる子の

感覚統合遊び

チャイルドフッド・ラボ
代表理事
藤原里美

日本文芸社

はじめに

「目からうろこが落ちる」

感覚統合の視点で子どもの困った行動を解説すると、多くの方がこういいます。

子どもの行動には必ず意味があります。感覚統合は、感覚の入力や情報処理がうまくいかないことで、多動やパニックなどの問題行動が起きることを教えてくれます。そして、「困った子」は「困っている子」であることが理解できます。感覚統合は、まさに「見えない障がい」といわれる「発達凸凹」の子どもたちの支援をするために必要な知識なのです。

私は、「子どもを1ミリも変えずに、周りの世界を変えて支援しよう」と常にお伝えしていますが、子どもを変える唯一の方法として「遊び」が大切だと思っています。

楽しい遊びにより、能動的・自発的に、頭や体を使うことで、子どもたちは本来もっている能力を発揮し、伸ばしていきます。

本書では、「安心して、好きな感覚を堪能する」という感覚統合の視点を大切にしています。そして、子どもの情動が安定したら、「感覚統合遊び」の中でほんの少しのチャレンジと成功体験を積み重ねていきましょう。

「遊んでいたら発達した」が最強です。子どもの接し方に悩んでいるときこそ、楽しく遊んでみることをおすすめします。問題行動にとらわれすぎず、子どもの可能性を伸ばす遊びを充実させてください。

本書の第1章の「理論編」では、感覚統合についてわかりやすく解説しています。第2章以降の「あそび編」では、アレンジも含めると100以上の遊びを紹介しています。遊びはすべての子どもたちに役立つ内容になっていますので、子どもの興味や多様性に応じて選択してください。

生活の中に「遊び」が散りばめられ、感覚統合が生きた知恵となり、子どもとの生活が豊かになることを願っています。そして、子どもの理解と支援のために本書を手にしていただいた皆さんが、子どもの幸せな未来を創ると信じています。

藤原　里美

本書の使い方

第1章　理論編

▶ 理論編では、感覚統合の基本的な考え方を解説しています。

▶ 感覚統合について、図解や表、イラストを用いてわかりやすく解説しています。

▶ 感覚統合の考え方を理解しておくと、本書で紹介している「遊び」により効果的に取り組むことができます！

第2章〜第7章　あそび編

▶ 保育や療育の現場で簡単に、すぐに実践できる「遊び」を紹介しています。

❶ こんな子におすすめ！

どのような子に適しているか示しています。

❷ アイコン

伸ばしたい能力を示しています。

❸ あそびかた

「遊び」を実践するときの遊び方や手順をまとめています。

❹ 効果とねらい

「遊び」を通して得られる効果を解説しています。

❺ 注意点

「遊び」を行なうときに気をつける点を解説しています。

❻ アドバイス

「遊び」の効果をあげるためのポイントなどを掲載しています。

❼ あそびをアレンジ

「遊び」のさまざまなアレンジを紹介しています。

❽ ここからやってみよう！

「遊び」を楽しく実践するためのポイントや補足情報を掲載しています。

P.46の「遊びの活用の前のインフォメーション」も確認しましょう！

CONTENTS

第1章 　理論編　 感覚統合と遊びの基礎知識

第2章 　あそび編　 ボディイメージ

第3章 あそび編　バランス感覚

第4章 あそび編　触れて楽しむ

第5章 あそび編　身のこなし

第6章 あそび編　感覚を堪能する

第7章 あそび編　ゲームで楽しむ

遊ぶときの注意点

● どの遊びも、子どもの様子を大人が見守り、安全に十分注意して楽しんでください。

● おもちゃやものを使う遊びでは、誤飲、刺さる・ぶつかるなどのケガにとくに注意してください。

● 運動系の遊びは、周囲にぶつかりそうなものがないか・人がいないかを確認し、平らなところで実施してください。また、落下などにも注意してください。

● どの動きも勢いをつけすぎず、子どもの様子を見ながらゆっくり・やさしくはじめてください。

● マッサージは、子どもの様子を確認しながら行ない、力加減を調整しましょう。

第1章

理論編

感覚統合と遊びの基礎知識

第1章では、保育の現場や子どもの行動を紹介しながら、

感覚統合の考え方について解説します。

感覚統合の視点から 子どもの行動のなぞを解く

理論解説の ポイント!

● 不適応行動は感覚の栄養不足から起こっている
● 子どもの行動理由を「氷山モデル」で考える
● 自分の基準を手放して五感の視点で子どもを見る

理論解説

現場で子どもたちに起きていること

くるくる回る、ゆらゆら揺れる、ぶら下がり、よじ登って遊ぶ、スリル満点で体を思いきり動かす遊び。なんて楽しい遊びでしょうか。でも、この遊びを満喫する環境を、子どもたちに用意することがむずかしい時代になりました。

私たちはさまざまな感覚を使って、環境から情報を取り入れ、その情報を整理整頓し、記憶したり、考えたり、体に指令を出したりして生活しています。しかし、この感覚入力の経験が不十分だと、よく転ぶ、人とぶつかる、そわそわして落ち着きがない、集中できない、切り替えが悪いなど、一見すると「感覚」とは関係ないような子どもの気になる姿に直結します。

なぜなら、感覚は「脳の栄養」だからです。それぞれの子どもの脳の成長段階に見合った感覚（栄養）を取り込むことが必要となります。

子どもの中には「感覚欲求」があります。これはどのくらい感覚の栄養が必要かを示す欲求です（P.14参照）。「生理的欲求」と同次元といわれているので、「食べること」「寝ること」と同じくらい大切なことといえます。

子どもの感覚欲求を満たすことのないままだと、情緒を不安定にさせてしまい、困った行動を引き起こしやすくなります。まずは、子どもが必要としている感覚欲求をしっかり取り込む環境をつくることが大切です。

人とぶつかる

切り替えが悪い

よく転ぶ

そわそわして落ち着きがない

困った行動・気になる子が増えているのは

2022年12月の文部科学省の調査（通常の学級に在籍する特別な教育的支援を必要とする児童生徒に関する調査）によると、通常の学級に在籍する小中学生の8.8%は学習や行動に困難を示すことがわかりました。

この数字は前回調査（2012年）より2.3ポイント増えています。また、小学校にだけ焦点を当てると、10.4%とその比率が上がります。それだけ、学習や行動に困難を示す子どもが乳幼児教育・保育現場に存在することを示唆しています。

数値が増えている原因は多岐にわたって考えられますが、前述したように子どもを取りまく遊び環境の変化がそのひとつであることは皆さんもお気づきだと思います。

しかし、以前の環境に戻るわけにはいかないのですから、私たちの創意工夫で、子どもの脳に「感覚」という栄養を供給し、子どもたちの脳を「育てる」取り組みを考える必要があります。子どもの生活環境や遊び、脳の発達を「感覚統合」の視点から見直してみましょう。

問題行動の理由を「氷山モデル」で考える

子どもの困った行動には必ず理由があります。理由のない問題行動などひとつもありません。この理由を考えるために「氷山モデル」が役立ちます。氷山モデルは、問題行動の背景にある根本的な原因や要因を理解するためのモデルです。氷山は海の上に浮かんでいる氷の塊ですが、私たちが見えているのは海の上の一部です。そこだけ見ていても原因がわからず、解決策は出てきません。

そのため、表面上見えている行動だけでなく、その行動の裏にある、見えない要因や背景に焦点を当てる必要があります。つまり、問題行動を海の下に沈んでいる氷の塊（原因）から解釈し、対応策を考えるというものです。

私たちは子どもの困った行動を見ると「どう

やって変えようか」と考えてしまいがちですが、まず考えるべきは「なぜこういう行動をとるのだろう」ということです。氷山モデルを用いて問題行動の原因に仮説を立てると、より効果的な対策を検討することができます。

見えている
子どもの言動

行動の裏にある背景

この部分を解釈して対応する

感覚統合に注目して考える

子どもの気になる言動の背景に何があるのかは、さまざまな視点から考えることが必要ですが、本書では感覚統合の視点から解説していきます。かんたんにいうと、感覚統合とは「感覚情報の交通整理」ということになります。

この機能により、その場そのときに応じた感覚調整や集中が可能になり、周囲の状況の把握とそれをふまえた行動（自分の体の把握・道具の使用、人とのコミュニケーションなど）ができるようになります。

この感覚統合に不具合が生じると、この適応行動がとれなくなります。感覚情報の交通整理の不具合から、子どもの行動を捉えてみましょう。

見過ごされがちな感覚統合

感覚統合の問題は、発達障害または知的な遅れのあるなしにかかわらず、どの子どもにも起こり得ることです。そして、この問題は「見えない」から厄介です。

怠けている、我慢が足りない、しつけがよくないなどと解釈されがちです。すると、何度注意してもよくならないという状況が生まれ、子どもは「できない」ことを「がんばり続ける」ことになるので、自信をなくしたり、やる気を失ったりします。

このような事態を避けるには、子どもが「できない」理由を周りが理解して、教育的配慮や、適切な支援をすることが必要です。子どもも大人もストレスを減らすことができるでしょう。

大きな音を嫌がる
（聴覚過敏の可能性）

子どもを理解して
教育的配慮や
適切な支援を行なう

アイディア・提案

暮らしの中の五感に注目する

「感覚」と聞いてすぐに思い浮かぶのは、視覚・聴覚・嗅覚・味覚・触覚という「五感」でしょう。この五感に「心地よい感覚」が取り込まれることにより、私たちは周囲の世界を理解し、安心感を得ながら生きることができます。この感覚の取り込みがうまくできなければ、安心して生活することができません。

まずは五感にとって「心地よい感覚」を得られる環境をつくることからはじめます。周囲の世界を理解し、安心感を得ることができれば、子どもは積極的に周囲にかかわっていくことができます。子どもが感覚の刺激に不安を感じてうまく取り込むことができないと、P.8でお話しした脳の

栄養が不足し、周囲の世界を知ることがむずかしくなります。

ですから、子どもそれぞれの感覚の状態にあわせ、安心して世界と接して、脳の栄養を取り込んでもらえる工夫をしていく必要があります。

mini column ミニコラム

シャワーを痛がった年長さん

プール前のシャワーを極端に嫌がっていた年長のＡさんに、「シャワーって痛いよね?」と聞いてみたところ、「痛い」とはっきり答えました。「どのくらい痛いの?」と聞くと、「針が刺さるくらい」と返ってきました。

シャワーの水が針を刺されるくらい痛いと感じるほど、触感覚が敏感な子もいるのです。子どもと向き合うときには自分の基準を手放し、想像することが大切です。

子どもの困った行動の原因は私たちの基準外に存在しています。Ａさんは、たらいに水を汲んで体にかける方法で汗を流してからプールに入るようになりました。原因がわかると支援方法も見えてくるのです。

第1章 理論編

第2章 ボディイメージ

第3章 バランス感覚

第4章 触れて楽しむ

第5章 身のこなし

第6章 感覚を堪能する

第7章 ゲームで楽しむ

2 体の内側に感じる 2つの感覚と新たな視点

理論解説の
ポイント！

- 固有感覚と前庭覚を知り保育に役立てる
- 鈍感と敏感、感覚欲求を知ると多様性に寛容になれる
- 原始系と識別系を知ることで支援の幅が広がる

理論解説

体の内側に感じる感覚：固有感覚

「固有感覚」は筋肉や関節に感じる感覚で、普段は無意識に使っています。この固有感覚には、自分の体の動きや位置を教えてくれる、自分のボディイメージがわかるという役割があります。私たちは動く際に筋肉を張ったり、緩めたりしています。これを「張力」と表現します。関節にもセンサーがあり、関節の角度や動きを感知し私たちに知らせています。

たとえば、目をつぶって「右手と左手の親指をくっつけて」みましょう。すると、見なくても親指はくっつくのではないでしょうか。これは、指がここにあると感じているということです。見なくても感じられる……これが固有感覚です。私たちは無意識に、「肩やひじ、手首、それに付随する筋肉の伸び具合を感じて」いるのです。

また、固有感覚の大切な役割として、重さも

感じています。たとえば、水の入ったペットボトルをもってみましょう。

ペットボトルの固さや冷たさは触覚で感じますが、重さは指の関節や手首、腕の筋肉、ひじ、肩くらいまで感じていると思います。この重さを感じるのも固有感覚です。

ここがうまく働かないと重いものでも、そーっと置くことができず、力強く置いたりします。「丁寧に置いてね」といわれても感じ方の問題なので、言葉で伝えてもわかりません。これが不器用に見えたり、ものの扱いが乱暴に見えたりしているのです。体の動きがぎこちない、がさつで乱暴に見える、人やものによくぶつかるなどを問題視する前に、固有感覚の視点から考えましょう。

理論解説

体の内側に感じる感覚：前庭覚

「前庭覚」は揺れや回転を感じる、体のバランスをとる感覚です。耳の奥、内耳にある耳石器（きせき）と三半規管（さんはんきかん）という箇所で感じています。それと合わせて視覚も使っています。私たちは目で見て、自分の体がまっすぐかどうかを確認しているのです。目を開けた状態で片足立ちをしてみると、年長さん以上だと10秒は姿勢を保っていられる子が多くいます。これは前庭覚を使って、バランスをとる力が発達しているからです。

しかし、目をつぶると途端にまっすぐに立つのがむずかしくなります。視覚は使えなくても三半規管と耳石器を使ってまっすぐと姿勢を保とうとはするのですが、うまくいきません。これが前庭覚につまずきをもつ子の「困り感」となります。

バランスをとろうとする動きは、重力に対して姿勢を保とうとする調整回路にもつながっています。ただ座っているだけでも、私たちは常に重力を感じています。

前庭覚が働きにくいと、姿勢を保とうとする調整回路につながらず、姿勢が崩れたり、机に突っ伏したりしてしまうことがあります。そうなると、立っているより、ゴロゴロしながら遊んでいる状況になるのです。

「やる気がない」「だらしない」姿に見えますが、そうならざる得ない理由があるということです。気持ちや意欲の問題ではないということを理解しないと、子どもに対して不必要な叱責をしてしまうでしょう。

五感以外の2つの感覚

①固有感覚
- 自分の体の動きや位置を教えてくれる感覚
- 重さを感じる感覚

うまく使えないと…
- 体の動きがぎこちない
- 人やものによくぶつかる
- がさつで乱暴に見える　など

②前庭覚
- 揺れや回転を感じる感覚
- 体のバランスをとる感覚

うまく使えないと…
- まっすぐ立てない
- 座った姿勢を保てない（だらだらして見える）など

五感と二覚のつまずき：鈍感と敏感の視点

感覚の偏りは、大きく2つに分かれます。①感覚が入りすぎる敏感タイプと、②感覚の入りにくい鈍感タイプです。いずれも偏りが強いと不適応行動を起こしやすくなります。

感覚	敏感	鈍感
固有感覚	・体に力がしっかり入らない	・多動、跳んだり跳ねたり落ち着かない ・体がソワソワと動く
前庭覚	・動くのが苦手、転びやすい ・ブランコや階段を降りるのを怖がる	・走ったり回ったり落ち着かない ・高いところにあがる、よくぶつかる
触覚	・砂やのりなどに触れない ・洋服が少しでも汚れると着替えたがる ・身体測定を嫌がる	・危ないものも口に入れる ・爪かみ、皮膚むしりなどの行動をする ・痛がらない
聴覚	・特定の音を怖がる ・耳ふさぎをよくする	・呼びかけても反応がない ・奇声をあげる
視覚	・あちこち見ていて気が散りやすい	・じっと見られない ・動いているものを目で追えない
味覚	・特定の食べものしか食べられない	・なんでも食べてしまう
嗅覚	・くさいといい、不安がる	・なんでもにおいを嗅ぐ、口に入れる

鈍感タイプはもともと、感覚を取り込む器が大きいイメージです。器が大きいので、器を満たす感覚刺激が常に足りません。敏感タイプは逆に器が小さいので、すぐに感覚刺激であふれてしまいます。これを「感覚欲求」といいます。私たちはこの感覚欲求と器に応じた感覚刺激を子どもに与える必要があります。

この感覚欲求はP.8で紹介した通り、生理的欲求と同じレベルといわれているので、感覚欲求が満たされないと、機嫌が悪くなったり、調子を崩したりします。そしてその状態がまた不適応行動につながります。

固有感覚・前庭覚が鈍感な子は、欲求を満たそうと「たくさん動く＝多動」になるという関係です。私たちはその動きを止める方法を考えるよりも、子どもに応じた感覚欲求を適切に満たす方法を考える必要があります。

そうすることで子どもの体や心を整え、不適応行動を予防することができるのです。

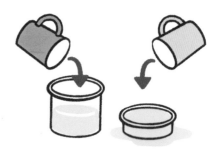

鈍感タイプ
（感覚刺激が足りない）

敏感タイプ
（感覚刺激があふれている）

第1章 理論編
第2章 ボディイメージ
第3章 バランス感覚
第4章 触れて楽しむ
第5章 身のこなし
第6章 感覚を堪能する
第7章 ゲームで楽しむ

知識・学習

なぜ敏感なのか：識別系を育む

敏感な子どもへの理解と支援を、さらに触覚の視点から解説したいと思います。

触覚は全身の皮膚や粘膜に、そのセンサー（受容器）が張り巡らされています。感覚には、「原始的・本能的な働き」と「認知的・識別的な働き」があり、触覚は特にこの2つの働きに特徴があります。

触覚の「原始系」の働きは、生後すぐにはじまる取り込み行動である「吸啜反射」に象徴されます。おっぱいを赤ちゃんの口に含ませると吸うという反射で、生きるための働きをします。

また口に入れたとき、危険だと感じるものは吐き出したりすることを「防衛行動」といい、これも命を守るために必要な「原始系」の働きです。私たちは、この原始系の回路を使わないと生きていけません。まさにサバイバル的な感覚です。

原始系の反射
（背後から急に触られると身がまえる）

感覚がもつ2つの働き

原始的・本能的な働き
▶ 原始系（原始的な回路）
生後すぐにはじまるサバイバルのための回路

認知的・識別的な働き
▶ 識別系（識別的な回路）
生後3か月頃から発達する、世界を能動的に知ろうとするための回路

この「原始系」をベースに、生後3か月くらいから「識別系」の回路が発達してきます。ものをもたせるとぎゅっと握る「把握反射」から、手や指が開きはじめて、自由に動かせるようになっていきます。赤ちゃんが「これってなんだろう」と観察するようになり、自分の周りの世界を知ろうという働きをはじめます。

今まで優位に働いていた「原始系」から「識別系」という回路に切り替わっていきます。生後半年くらいからはなんでも口に入れて、見る・触ることで自分と世界をつなげていきます。発達するとこの「原始系」は調整され、普段の生活の中では見られなくなります。「原始系」の反射は消えるわけではなく、背後から人に急に触られると身構えるなど、必要なときに現れます。

触覚過敏の子どもは、この「原始系」の回路が強いのです。識別系の発達が未熟で、原始系と識別系のバランスが悪い状態にあります。私たちは過敏さばかりに目が向きやすいのですが、「識別系」を育むことに目を向けることが必要です。

識別系を育むためには

触覚過敏が強い「原始系」が優位に働いている場合、「慣れさせることも」「がまんさせることも」有効な手立てではありません。これは、偏食についても同じです。もちろん、個々の程度によりますが「一口だけでも」という声かけで食が広がる子もいますが、この一言で翌日から登園ができなくなる子もいます。ですから、自分の基準で考えず、その過敏がどの程度のものなのかよく考えてみることが必要です。

「識別系」を育てるには、まず自分の周りの世界に興味・関心があり、「これってなんだろう?」と触りたくなったり、口に入れたくなったりすることから始まります。これには日ごろその子がどんなものを触り、見て、聞いているかをよく観察することが大切です。その「もの」と似た形や素材を用意してみましょう。自分から、「触ってみよう」「試してみよう」と思える環境を仕組んでみましょう。識別系は「安心」からしか育まれません。

敏感タイプの支援と考え方

敏感タイプの子どもには、苦手な感覚刺激は避けましょう。声のトーンを落として話しかけたり、イヤーマフなど音の刺激を軽減するツールを使ったり、のりはスティックのりを使ったりします。また、刺激を遮断できるような休憩スペースを設けたり、におい対策としてマスクを使用したりするなど、工夫して安心できる環境をつくりましょう（P.21 参照）。無理に慣れさせるというアプローチはかえって不安を強くし、過敏さを強くすることになりかねません。

固有感覚と前庭覚が敏感だと、動くのが苦手な子も多いのです。子どもをがんばって動かそうとするより、「興味のあるものに心惹かれ思わず動いてしまった」という仕掛けを考えましょう。また、気持ちがリラックスする本人の好む感覚刺激を取り込む支援も有効です。

ケーススタディー：刺激からのエスケープ

いつも部屋の隅でぼーっとしている4歳児のBさん。遊べていないことも気になりますが、急に癇癪を起こしたり、部屋から黙って出て行ったりします。クラスの中では感覚刺激が多いため、

頭をぼーっとさせて感覚刺激を避けているようです。癇癪を起こすのも、表面上は急に見えますが少しずつストレスをためた結果だと考えました。

そこで廊下にひとり用の小さなスペースを設け、

その中に本人の好きなおもちゃを設置し、いつでもここで休憩してよいことを伝えました。大人が適宜誘導すると、Bさんも自ら使うようになりました。すると癇癪はほとんど起こらなくなり、お部屋の中でぬり絵などをするようにもなりました。

感覚刺激から子どもがエスケープできる場を設定することは、情緒の安定が図れ、お部屋で遊ぶ時間が増えることにつながります。

第1章 理論編

第2章 ボディイメージ

第3章 バランス感覚

第4章 触れて楽しむ

第5章 身のこなし

第6章 感覚を堪能する

第7章 ゲームで楽しむ

知識・学習

鈍感タイプの支援と考え方：感覚欲求の視点

鈍感タイプには感覚を堪能させましょう。

本人の好む感覚を満足するように取り入れることが重要です。本書の感覚統合遊びをぜひ活用してください。そのほか、触れるのに適切なもの、口に入れてもよいもの、音を楽しめるもの、におい を嗅げるもの、見て楽しめるものを提供します。

視覚や聴覚が鈍感で、保育者の働きかけに対して反応が鈍い場合は、注意が向くように個別に目を合わせたり体に触れたりして、話しかけることも必要です。

アイディア・提案

ケーススタディー：重いものを背負わせる

奇声を発したり、人を押してしまったりしていた2歳児のCさんは、固有感覚の鈍感さが観察されました。通常の動きでは感覚欲求が満たされず不機嫌になっていたのです。

そこで固有感覚に刺激を与えるために、リュックに500mlの水が入ったペットボトル2本を入れて、Cさんに背負ってもらいました。嫌がったらやめることが大切ですが、今回のケースでは背負うことで、Cさんの表情がやわらいでいることが確認できました。重いものを背負うことで、固有感覚にしっかり感覚が入ったのでしょう。

しっかり感覚を入れてあげることが大切なので、マッサージをしたり、揺れを楽しむ遊びを取り入れたり、固有感覚と前庭覚にしっかり感覚を入れる支援をその後も継続しました。すると、奇声がなくなり、人のことも押さなくなりました。多動傾向があり、機嫌が悪い子は、この固有感覚と前庭覚に感覚を入れる工夫を考えて実践してみてもよいでしょう。重り入りリュックやマッサージはコストパフォーマンスのよい支援方法です。

子どもは遊びで発達させよう

理論解説

「遊んでいたら発達した」が最強

楽しく遊んでいたら、

・先生のお話が聞けるようになった

・落ち着いて座れるようになった

・ものにぶつからなくなった

・手元を見て着替えができるようになった

・音が怖くなくなった

　その結果、先生にたくさんほめられるようになった。子どもはただ楽しく遊んでいるだけなのに、今まで困っていたことが解決し、生活しやすくなる。そうなるのが最強だなと思います。

　しかし、ここで心にとめておかなければいけないことは、私たちは子どもの困った行動を解決するために……という視点にばかりとらわれてはい

けないということです。

　まず大切なのは「楽しく遊ぶこと」です。その結果、子どもの困りごとが少なくなればラッキーという感覚が大切なのです。それくらいおおらかで、寛容な気持ちで、子どもと遊んでみてください。

　そして何より、感覚統合遊びは心地よい感覚刺激が入るので、子どもの情緒が安定します。苦手な感覚刺激は避けるので、安心して遊ぶことができます。何かができるようになるより、心理的安全性を高めることが最優先です。

　自分がありのまま安心して存在できる実感を、子どもが遊びの中から感じとることができたら、困った行動は確実に減るはずです。

・情緒が安定する
・安心して遊べる

不安　　心地よい感覚刺激　　安心　　心地よい感覚刺激　　イライラ

環境を整えて子どもは1mmも変えない

遊びで子どもを発達させるのと併用して、子どもの状態に応じて環境を整えたり、私たちのアプローチを工夫したりすることも重要です。

私は「子どもは1mmも変えない」という考え方を大切にしています。これは、子どもを遊び以外で変えようとすると、ストレスがかかり大人も子どもも疲弊していくことをよく知っているからです。

子どもを変えずに社会を変える。このことを「社会モデル」といいます。たとえば、前述した感覚欲求が強い子には、重りを入れたリュックを背負わせたり、姿勢が保持できない子、座り続けるのがむずかしい子には椅子を工夫したりします。

感覚過敏の強い子は、刺激からエスケープできる場所を用意します。子どもを遊びで発達させることと、社会モデルの併用により、子どもたちの困っている行動はさらに軽減します。

椅子の工夫

スーパーボール入りの座布団

座布団の中にスーパーボールを入れて、椅子に敷きます。子どもはスーパーボールのゴツゴツした感触をお尻や太ももから感じることができるので、感覚欲求が満たされて、着席が持続します。

腰を前傾に保つ

姿勢が崩れてしまわないように、椅子を工夫して、子どもの背中に突起物やクッションを当ててみましょう。

腰が前傾になれば、姿勢がよくなり、手も動かしやすくなります。

スーパーボール

クッション

第1章 理論編

第2章 ボディイメージ

第3章 バランス感覚

第4章 触れて楽しむ

第5章 身のこなし

第6章 感覚を堪能する

第7章 ゲームで楽しむ

子どもの状態と覚醒レベルの関係にも注目

いつまでも子どもの興奮が収まらず動き回っていたり、逆にぼーっとしてなかなか動き出さなかったりというのは、覚醒レベルが関係していることが多くあります。覚醒レベルとは、脳が目覚めているときの状態のことで、高いと興奮している、低いとぼーっとしているという状態になります。

感覚に刺激がたくさん入ると覚醒レベルはあがり、感覚が入らない状態だと下がります。私たちは日常生活の場面ごとにこの覚醒レベルを調整し、適応行動をとっています。

しかし、この調整がうまくできないと、落ち着かない子、ボーっとして指示が伝わらない子だと

受け止められます。感覚統合の未熟さから起こっている可能性を忘れずに、自身で調整ができない場合は、大人の配慮が必要になります。

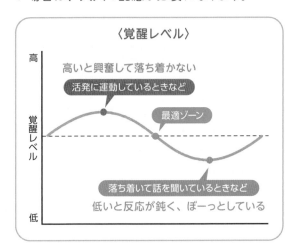

〈覚醒レベル〉

高いと興奮して落ち着かない
活発に運動しているときなど
最適ゾーン
落ち着いて話を聞いているときなど
低いと反応が鈍く、ぼーっとしている

覚醒レベル　高　低

ケーススタディー：マッサージで固有感覚を入れる

2歳児のDさんは、登園後しばらくぼんやりして「覚醒レベルが低い」状態でした。登園時はいつも座っており、遊ばないとのことです。

Dさんの覚醒レベルをあげようと、手や腕に触れてみました。触られることは嫌がらないので、固有感覚に刺激を入れるようにやや強めにマッサージをしました。しばらくしていると目に輝きが出て表情も出てきたので、ブロック遊びに誘ったところ、遊びはじめました。子どもの覚醒レベルが低い場合は、大人の配慮が大切です。

情報の整理と環境の調整

① 情報量の整理

　感覚過敏がある子どもは、聞こえてくる音や見えるものなどを、必要以上に強い刺激として受け取り、ストレスや不安を感じたり、興奮したりして、落ち着きがなくなることがあります。保育室内は、刺激を少なくし、情報量を整理するのがよいですね。

　情報量を整理するには、仕切りなどで周りを遮断する工夫をしてみましょう。おもちゃ棚も使わないときは布でカバーしたり、子どもの絵や作品は廊下に展示したりするのもよいアイディアです。

② クールダウンスペースをつくる

　みんなと一緒が苦手な子のため、ひとりになれるスペースをつくる園も多くあります。

　保育室内ではクラスの中で子どもがひとりになれる空間をつくり、保育室外には廊下や階段の踊り場などのちょっとしたスペースを活用して、落ち着けるコーナーをつくるとよいでしょう。

　それらのスペースは、午睡（昼寝）前に覚醒を下げる場所として使用したり、反対に午睡後に覚醒をあげる場として使用したりして、午睡時の落ち着かない行動や、イライラを軽減する使い方もあります。どんな目的で使うかを明確にしたうえで、活用を検討してください。

③ パーソナルスペースを確保

　感覚過敏のある子は、人と接触することが苦手な傾向があります。接触しがちな場面では、パーソナルスペースが確保できるような座布団や印など、場所の視覚化が有効です。ここが私のスペースと確認できると安心感が増すでしょう。過敏が強い場合は座布団も大きめにするなど、スペースの大きさの配慮も大切ですね。

第1章 理論編

第2章 ボディイメージ

第3章 バランス感覚

第4章 触れて楽しむ

第5章 身のこなし

第6章 感覚を堪能する

第7章 ゲームで楽しむ

④人とぶつからないような配慮

人とぶつかることで感覚が刺激され、覚醒レベルが上がりやすい子にもパーソナルスペースの配慮は必要です。

順番待ちをするような場面では、待機場所を明確に示して、人との距離感を意識させましょう。４歳以上なら、手を前に出したときの人との距離感を積極的に教えていくことも必要でしょう。

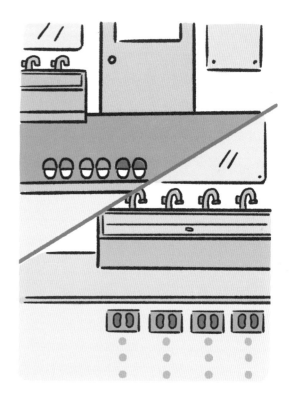

mini column ミニコラム

人との距離感（エドワード・T・ホール）

- ●密接距離　ごく親しい人に許される空間

・近接相（0〜15cm）抱きしめられる距離（もっとも親しい人だけ）

・遠方相（15〜45cm）すぐに相手に触れられる距離（ささやきあえる）

- ●個体距離　相手の表情が読み取れる空間

・近接相（45〜75cm）相手を捕まえられる距離（親しくなければ、違和感をおぼえる）

・遠方相（75〜120cm）両方が手を伸ばせば指先が触れあう距離（個人的な話をするとき）

保育アプローチの工夫

子どもが自分の意思とは関係なく体が動いてしまうことへの対応としては、マッサージがおすすめです。

たとえば、座っているときに足をバタバタさせるのであれば、足をマッサージするというように動かしている部分こそ感覚を入れたい部位です。手全体でしっかりと、または親指などで部分的に一定のリズムで圧迫刺激を入れてみましょう。本人が心地よいと思う程度の強さが基準です。気持ちよいかどうか、本人に確認しながらやってみましょう。

また、衝動的に動き出す子どもの場合は、「原始系（P.15 参照）」が強く脳が興奮状態なので、固有感覚を刺激して、筋肉や関節に意識が向くようにするとよいでしょう。脳や感覚が未熟なのでこのような状態はしばらく続くかもしれませんが、マッサージを上手に取り入れて、「落ち着く」という実感をもつ体験を積み重ねていきましょう。

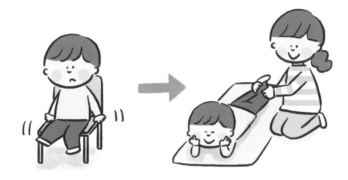

ケーススタディー：興奮した子を落ち着かせる

5歳児のEさんは興奮しやすくて、Eさんにつられてクラス全体が落ち着かなくなったり、自由遊びのときはケンカに発展したりすることもあります。そこで、「気持ちがざわざわしたり、落ち着かなかったりしたとき」には次のような対応をすることを提案しました。

・好きなパズルをする

・先生にマッサージをしてもらう

・好きな電車の本を読む

興奮したときにどうやって落ち着くか、手立てを一緒に考えました。「気持ちの温度計※」も取り入れ、自分の状態を把握しながら、適切なスキルを使うことを支援しました。

すると、Eさんは興奮しきる前にスキルを使うことができるようになり、大人と相談する機会も増えました。成功体験を重ねられたのもよかったのですが、大人と相談し解決策を見出すというプロセスの重要性を感じました。

※「気持ちの温度計」は、「安心」「ふつう」「楽しくない」「頭にくる」「ばくはつする」など、感情を視覚化してあらわすツール。

交感神経・副交感神経を知る

覚醒レベル（P.20参照）へのアプローチを、交感神経と副交感神経に注目して考えてみます。

交感神経は、体の機能を活発化させるため働きます。たとえば、運動をしているときは心臓の鼓動が速くなったり血圧が上がったりしますよね。覚醒レベルの調整がうまくいかずに高まりすぎてしまうと、子どもは「興奮モード」となり、がんばり続けて困った行動も起こりやすくなります。

また、交感神経が過度に優位になりすぎると、体のさまざまな不調につながります。

一方、副交感神経は、おもに休息しているとき優位に働きます。血圧を下げたり心拍数を低下させたりするのが、副交感神経の役割です。副交感神経が優位となるのは、リラックス時や入眠中などです。

副交感神経はリラックスの印象が強いので「体によいもの」と思われがちですが、副交感神経の働きが強すぎたり、適切なタイミングで働かなかったりすると、不調の原因になります。

大切なのは交感神経・副交感神経のバランス

交感神経・副交感神経の2つはどちらがよい、悪いというものではなく、状況に応じてバランスよく切り替わる状態が理想的です。

日中、勉強や仕事に集中したいときには交感神経が優位になって、夜にぐっすり休んで疲れをとるときには副交感神経が優位になって「お休みモード」になるのがよいでしょう。

この調整がうまくいかないと、子どもは午睡時なども「興奮モード」に入ってしまい、うまく休むことができません。もしくは、日中に活動に集中するべきときに「お休みモード」に入ってしまう事態になります。

このバランスをマネジメントするために、大人が子どもの覚醒レベルの状態に応じて支援することが必要です。

交感神経			副交感神経
興奮や緊張をさせる	脳	脳	リラックスさせる
瞳孔を拡大させる	目	目	瞳孔を縮小させる
収縮させる	血管	血管	拡張させる
心拍数を増やす	心臓	心臓	心拍数を減らす
働きを抑える	胃腸	胃腸	働きを促す

覚醒レベルが高い状態から
落ち着かせる
（副交感神経に働きかける）

● マッサージなど一定のリズムで圧迫刺激
　を入れる
● 好きなひとり遊びに集中させる
● リラックスするアイテムを提供する

<落ち着くためのコツ>

お茶を飲む　　砂時計などを見る

覚醒レベルが低い状態から
目覚めさせる
（交感神経を活性化させる）

● 好きなひとり遊びで活動性をあげる
● 簡単なエクササイズを大人と行なう（ヨ
　ガポーズなど）
● 頭や足の裏をマッサージしてもらう

<目覚めさせるコツ>

好きなひとり遊びの例

mini column ミニコラム

覚醒レベルの調整に知っておきたい3R

　3Rとはリアクト（気づく）、リラックス（緊張をとく）、リセット（元に戻す）という

Rからはじまる3つの言葉です。自分の覚醒の状態に気づき、緊張をとき、もとに戻す

というプロセスです。子どもは、自分では気づきにくいので、大人がリラックスするツー

ルや環境を用意してもとに戻します。覚醒が下がっているときも同様に、調整を図る

支援を展開しましょう。覚醒レベルがあがりすぎるか、下がりすぎる前にかかわるこ

とも必要ですね。

6つのつまずきに対する
アプローチ

理論解説の
ポイント！

- 過敏は慣れさせるより安心させる
- 感覚探求型は感覚を堪能させる
- 運動企画・両側統合・抗重力運動・スモールステップの支援

理論解説

感覚の働きとつまずきへのアプローチ

感覚	働き	うまく働かない場合の困りごと例	アプローチするための遊び
固有感覚	・筋肉や関節に感じる感覚 ・自分の体の動きや位置を教えてくれる感覚 ・重さを感じる感覚	・体の動きがぎこちない ・人やものによくぶつかる ・力加減がわからず乱暴に見える ・不器用な印象になり、基本的な生活習慣がうまくいかない　など	第2章　ボディイメージ
前庭覚	・揺れや回転を感じる感覚 ・体のバランスをとる感覚	・動きたがらない ・まっすぐ立てない ・座った姿勢を保てない ・じっとしていられない　など	第3章　バランス感覚
触感覚	・痛みや暑さ、寒さを感じる感覚 ・ものに触ったとき、人から触られたときに感じる感覚	・シャワーを嫌がる　・偏食がある ・歯磨き、爪切り、入浴など衛生にかかわる生活習慣を嫌がる ・長袖にこだわる　など	第4章　触れて楽しむ
聴覚	・音を感じる（聞く）感覚 ・音の意味がわかる（聴知覚）	・音の意味がわからず、不安になりやすい ・特定の音が苦手 ・音に気づきにくい　など	すべての章
協調運動	・微細運動（手や指の運動） ・粗大運動（体全体を使う運動） ・目の動きと手の動きを協力して使う動作	・ボタン留めが苦手、スプーンがうまく使えない（手先が不器用） ・スキップや片足ジャンプが苦手 ・全身の動かし方がぎこちない　など	第5章　身のこなし
感覚欲求	・安心できる、快適な感覚を取り込もうとする欲求 ・苦手な感覚を避けようとする欲求 ・気持ちの安定を図ることに必要な欲求	・動けないとイライラする ・好きな感覚遊びに没頭する ・たくさんの感覚刺激があると不安になる　など	第6章　感覚を堪能する

※アイコンの解説は P.46

知識・学習

固有感覚のつまずきにアプローチ

固有感覚がうまく働かないと、子どもは不器用で着替えなど基本的な生活習慣がうまくいかず、イライラしてしまうことがあります。「こう動かしたい」というイメージ通りに、体や指先が動いてくれないのです。固有感覚に偏りがあり、力の入れ方や関節の動かし方、筋肉の使い方が調整できないことが考えられる原因のひとつです。

皆さんも軍手を2枚重ねて手にはめて、小さな折り紙を折ることを想像してみてください。なんとなく、その気持ちがわかるでしょう。そのときに、「もっと丁寧に」「ここをつまんで！」など、叱咤激励される子どもは本当につらいですよね。

自信を失わせずに「やりやすくなる」アプローチを考えましょう。

①うまくいかないときは手伝う

②うまくできているところに焦点をあてほめる

③年齢に関係なく使いやすいツールを選択できるようにする

・ボタンのある洋服は避ける

・ズボンはゴムのものにする

・ボタンをかける糸を長めにしておく　など

その上で、遊びの中でたくさん体や指先を動かすものを取り入れましょう。遊びで発達を促して成熟してきたら生活動作に移行させます。

なぜなら、生活動作は子どもにとってめんどうくさい、やりたくないことが多いからです。皆さんも着替えや片づけは仕方なくしているのが現実ではないでしょうか。子どもも同じです。めんどうくさいことと苦手なことが重なったら、練習なんてストレスなだけです。

ですから、遊びで発達させることをまずは考えましょう。

アイディア・提案

動かす体の部位に感覚を入れて準備する

手先を使う前に、準備運動のように手遊びをいれる、マッサージをするのもおすすめです。特に、マッサージは触れられることで、気持ちが安定する子も多いので、苦手に取り組む前のおまじないとしても効果も大きいかもしれません。

次ページでは、手軽にはじめられる遊びを紹介します。

指先を使う遊び

　昔からある伝承遊びの中に、楽しいものがあります。

　以下のような遊びを、ちょっとした隙間時間に取り入れてみることもおすすめです。

・指ずもう　・あやとり　・おはじき

・粘土遊び　・お手玉　　・ビーズ通し

・ゆびあみ　　など

あやとり　　　　お手玉

お手伝い

　家庭でのお手伝いも楽しみながらしてもらいましょう。料理の中には、「泡だて器で拡散する」「包丁で切る」「調理ばさみで切る」「皮むき器を使う」「手で皮をむく」など、いろいろな動作が含まれます。

　窓ふきや、洗濯物ほし、お風呂掃除なども大人と一緒に楽しい「遊び」として取り入れてみましょう。全身を使うよい動作になります。

 子どもがつま先立ちして歩きます。
直したほうがよいでしょうか？

　つま先立ちをするとわかるのですが、つま先、足首、ふくらはぎ、ひざ、太もも、股関節としっかり固有感覚に感覚が入るのです。また、バランスもとれるので前庭覚の刺激としても心地よいのかもしれません。

　危険でないのなら、止める必要はありません。感覚を堪能しているのかもしれませんね。この行動も自然に消えていくことが多いものですから、おおらかに見守ってみてはいかがでしょうか。

知識・学習

前庭覚のつまずきにアプローチ

感覚が鈍感な場合、スピードや揺れ、回転を感じたくなるため、よく動きます。目が回らない子もいて、大人がびっくりするくらい長い間くるくる回っても平気です。動くことは必要な感覚欲求なのでまずはそれを保障し、その後で静かな遊びに集中させます。

この緩急のつけ方が大切です。好きな遊びは、パズルや粘土、スライム、ブロックなど座って遊べるものなら何でもOK。くるくる回るものを見るのが好きな子も多いので、手で回せるコマ、吹いて回す「吹きゴマ」も便利です。以前流行した「ハンドスピナー」もおすすめ。子どもがはまる回るおもちゃを探してみましょう。つまり、「動きたい」という欲求を、「見て楽しみたい」という感覚欲求に変換する作戦なのです。

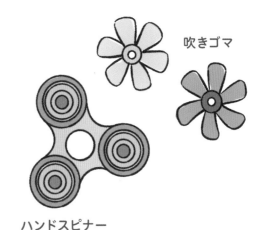

吹きゴマ

ハンドスピナー

前庭覚と関連が深い見る力（視知覚）

私たちは視覚によって、頭がまっすぐになっていることを確認しながらバランス感覚を調整していると説明しましたが、視覚と前庭覚はチームとして機能しています。このときに使う視覚機能を「視知覚」と呼びます。視知覚は、ものの形を理解したり、距離感を把握したり、動くものを目で追ったり、たくさんのものから必要なものを探したりする仕事もしています。視知覚機能は、「情報を取り込む」「情報を整理整頓する」「体を動かす」の3つの仕事をしています。

①情報を取り込む仕事

情報を取り込む仕事とは、ものを見るときに対象物との距離に合わせてピントを調節する機能と、眼球を適切に動かして対象物を捉える機能です。

私たちは、文字を読むとき、必要なものを探すときなどに眼球だけを動かして対象を捉えていきます。また、黒板の文字を手元のノートに写すときなどは、左右の眼球が対象物までの距離により、適切に寄ったり離れたりして文字の形を捉え、ノートをとっていきます。

この眼球の動きは、跳躍性眼球運動（左右を見比べて違いを見つけたり、たくさんの中から必要なものを探したりするときの動き）、追従性眼球運動（文字を読んだり、ボールの行方を追った

りするときの動き)、左右の目のチームワーク(両眼視機能)の3つがあります。この眼球運動は年長さん(5〜6歳)で上手に使えるようになるといわれています。

②情報を整理整頓する仕事

①の仕事によって対象を目で捉え、その情報が視神経を通って脳に送られます。その情報から見たものは何かを認識する働きが情報を整理整頓する仕事で、これを「視空間認知」といいます。

視空間認知には、対象物の動き、自分との距離感、周りのものとの位置関係を認識する「空間認知」と、対象物がどんな形で、それ自体がなんであるかを理解する「形態認知」があります。見たものを把握したり理解したりするには、さまざまな点や線、色などの情報を統合していく力も必要です。

③体を動かす仕事

体を動かす仕事は、①②で得られた情報から、自分の体を状況に応じて適切に動かす働きです。適切に体を動かすには、ボディイメージが大切ですが、これは今まで学んできた五感と二覚を使って、体の傾きや大きさ、力の入れ具合といった自分の体に関する理解が必要になります。

ここでも、すべての感覚と視知覚が統合され、よりスムーズな子どもの動きや、運動が保証されていくことがわかります。

触感覚のつまずきにアプローチ

触感覚に関連する悩みで多いのが、歯磨き、爪切り、入浴など、衛生状態にかかわる基本的生活習慣を嫌がること。毎日のことなので、大きな困りごとになります。「無理にでもやらないと」と考えて、泣いて嫌がるのを押さえつけて、やりたくなる気持ちもわかります。

でも、この「無理やり慣れさせる」がいちばん避けたい対応なのです。一度嫌な思いをすると、「二度と嫌!」とさらに拒否が強くなった経験はな いでしょうか。

特に、首周り、顔、頭、おなかなど、本能的に攻撃されたら困る部分に過敏さは顕著に出るといわれています。

私が以前勤務していた幼児デイケアの調査では、発達障害をもつ4〜5歳のお子さんが、通常の4倍の触覚過敏を抱えているという結果も出たくらい、過敏で困っている子は多いのです。

慣れさせるより、安心できる方法を考える

触覚過敏があると、とにかく不安です。不安になるとさらに過敏は強まります。ですから、「どうしたら安心できるか」を考えます。

たとえば、お風呂を嫌がる子の場合は、好きな入浴剤を使ったり、好きなおもちゃを浮かべたりするなどして、そこが楽しい場所だと感じられるようにしましょう。過敏がひどい場合は、Tシャツを着て、浮袋をして入ることでうまくいった子もいます。慣れるまではただ遊んで出るだけでもかまいません。お湯の温度や、湯船に椅子を置いて、首がしっかり出るようなスタイルをとるのも安心します。頭を洗う際は、シャンプーハットを使い、タオルでしっかり顔を覆ってもよいでしょう。

また、歯磨きをする場合、見えないところを磨くのは怖いもの。鏡で見せながら「ここを10回磨くよ」と予告してみましょう。ブラシの柔らかさなども本人に試させるのもよいでしょう。人からされるのが不安なら、自分でやってみるのもよいですね。同様に、髪をとくのも、三面鏡を使って見えるようにして行なってみましょう。

トイレを嫌がる子の場合

子どもがトイレを嫌がる場合は、触覚過敏以外にも、いろいろな要因がからんできます。何が嫌なのか、考えてみます。

・便座の冷たさ
・みんなと一緒だとぶつかりそうで怖い
・におい
・不定期に水が流れる音
・スリッパや上履きに履き替えるのが大変　など

便座の冷たさやぶつかりそうで怖いが原因なら、触覚過敏と考えられます。便座の冷たさは、便座にシートをつけて解決することもあります。みんなと一緒だとぶつかりそうで怖いといった場合は、ほかの子と使用する時間をずらしたり、本人の個室トイレを決めてみたりしましょう。

また、においについて気になるなら嗅覚過敏かもしれません。マスクの着用をすすめたり、本人用にアロマでつくった芳香剤を「シュッ」と使うのもよいでしょう。

水が流れる音が気になる場合は、聴覚過敏かもしれませんので、イヤーマフをしてみましょう。スリッパに履き替えるのが大変な場合は、好きなキャラクターや素材を選べるようにするなど、工夫次第でうまくいくことも多いのです。

「ひとりの子だけ特別にできない……」と考えていると工夫ができません。「どうしたら安心して、楽しくトイレに行けるのか?」を考えてみてください。

聴覚のつまずきにアプローチ

私たちが日常、いろいろな音に囲まれていても安心していられるのは、その音の意味がわかるからです。音の意味がわかることを「聴知覚」といいます。しかし、この聴知覚が機能せず、突然大きな音がして、その音が何の音かわからないと不安になります。

過敏な子はこの聴知覚の不全から、音の意味がわからずにいる可能性があります。突然、わからない音がするから怖いのです。ですから、そのようなタイプの子にはなるべく音について予告してあげるとよいでしょう。「これからこんな音が聞こえるよ」「この音は○○の音だよ」と伝えておくことです。

しかし、すべての音を予告することは不可能ですし、苦手な音は避けてあげたいので、「イヤーマフ」などの音を軽減するツールを使いましょう。大人が耳を手で覆ってあげるのもよいでしょう。音から遠ざかるだけで、気持ちが落ち着く子もいます。

5歳のFさんは特定の保育者と相性が悪く、「あの先生は嫌い」といって近づこうとしませんでした。「優しい先生だけど、何が苦手なの?」と聞くと、「あの先生は怒りんぼだから」といいます。「怒っていないけどなあ」というと、「いつも怒ってるよ。声が怒っている」といいました。Fさんは大きな声だと何をいわれているかわからないばかりか、怒られていると感じていたようです。先生には、Fさんに話すときは「近づいて、穏やかに、ゆっくりと、静かなトーンでお話ししてみてください」とお願いしました。

Fさんにも同じようにお話ししました。すると、「先生は怒っていなかったんだ」と理解し、「お話もちゃんと聞こえるようになった」といいました。声のトーンやスピードは、過敏な子とのかかわりにとても大切な要素なのです。

第1章 理論編

第2章 ボディイメージ

第3章 バランス感覚

第4章 触れて楽しむ

第5章 身のこなし

第6章 感覚を堪能する

第7章 ゲームで楽しむ

Q 夏でも子どもが
長袖しか着ません。
どうしたらよいですか？

A 　1年を通して長袖でもよいと思います。夏場は風通しよく、給水速乾性のよい素材のものを探せば、日よけ、虫よけの効果もあります。こうした感覚過敏からくるこだわりは、年齢とともに軽減することが多いので、子どもが納得するまでは、できるだけ応じてあげましょう。

Q 爪切りを嫌がります

A 　子どもの年齢が低く爪が薄い場合は、ハサミ型のほうが爪への負担が少なく、衝撃がかかりにくいのでおすすめです。切る部分に油性のペンで印をつけて、ここだけ切ると伝えしっかり見えているところで切りましょう。それでも、嫌がるようなら寝ているときに切るのがいちばん。時期を見て、再チャレンジします。焦らないことが大切です。

知識・学習

協調運動のつまずきにアプローチ

協調運動は大きく3つに分けられます。

ひとつ目は、微細運動で、手や指を使います。着替えのとき、食具を使うとき、文字や絵を書くときなどさまざまな生活動作に関連します。たとえば、スプーンでうまくすくえずにこぼしてしまったり、指先で服のボタンをしっかりとつまめなかったり、穴に通せなかったり、あるいはとても時間がかかったりします。

2つ目は、粗大運動で、体全体を使います。これらには階段の上り下り、スキップや片足ケンケンをすること、ジャンプをすることなどが含まれます。片足跳びをするとき、連続して飛ぶことができなかったり、そもそも片足でジャンプすることがむずかしかったりします。体全体の動きのイメージがもてず、動かし方もわからないという状態です。

3つ目は、目の動きと手の動きを合わせる運動です。これらには、指でものを数えることや、ボールを蹴ること、飛んでくるボールをキャッチすることなどが含まれます。ボールを取るときに、自分の手元に来る前に手を出したり、タイミングが遅れて体にボールが当たったりします。見ているボールと自分の体の動きを合わせることができません。

結果ではなく、過程や運動したこと自体に承認を

　自分の運動能力の苦手さを自覚している子も多くいます。運動能力への自信が低下すると、向上心やチャレンジしようとする気持ちが失われてしまいます。乳幼児期は運動の得意・不得意より、運動自体を楽しむことが大切です。

　そのためにも、本書で紹介する遊びの中から、本人が無理なく楽しめる遊びを一緒に考え、実施してみてください。結果ではなく、過程ややったこと自体が承認されるように大人がかかわりま

しょう。承認されることで、子どもが「またやってみたい」と思えることが大切です。

スモールステップの支援と道具の工夫

　スプーンなどは柄が太いものを用意するともちやすくなりますし、お箸は真ん中に支えがつけられるものもあります。ボタンも大き目のもちやすいものからはじめて、だんだん小さなものにしていくなど、スモールステップで考えます。

　できない運動を繰り返し練習させるのではな

く、できる運動を通して徐々に次のステップに段階づけていくことが重要です。いきなり最終段階の運動をするのではなく、時間をかけて、ひとつひとつ基本的なことができるようになるようにかかわりましょう。

縄跳びまでのスモールステップ

　たとえば、縄跳びを跳ぶまでのステップは次のような流れが考えられます。跳べるようになることより経過を楽しむ、挑戦してひとつずつクリアしていくことを大切にしましょう。

①縄遊びで縄に親しむ

　遊び方はいろいろです。まずは、縄遊びを楽しみ、縄への抵抗をなくします。

- ・縄を床に置いて一本橋のようにして渡る、その縄を跳び越える
- ・蛇のように揺らしてみる、それを跳び越える

②ジャンプの練習をする

　いろいろなジャンプに取り組みましょう。

- ・その場でジャンプ
- ・手をたたきながらジャンプ
- ・手をつないでジャンプ
- ・回りながらジャンプ
- ・縄を置いて、それを跳び越えるジャンプ
- ・ミニハードル
- ・その場でグーチョキパーなどのステップ
- ・ケンパ跳び　など

③縄回しの練習をする

　片手回し：片手で縄をもって、回す練習をしましょう。最初は後ろ回しでも大丈夫、慣れてきたら前回しもやってみます。前回し、後ろ回しのストレッチを先にやっておくのもよいでしょう。

　足止め：両手で回した縄を足で踏んで止めます。右足・左足・両足といろいろ取り組みます。

④またぎこし・走りとび

　縄を前にもってきてはまたぐことを繰り返します。走り跳びもおすすめです。縄より前に行こうとジャンプをすると一緒に縄も前に行ってしまって越えられないことがあります。まずはまたぐところからはじめます。

⑤前跳びに挑戦

　ジャンプや縄回しなどの前跳びに近い動きが経験できてきたら、いよいよ前跳びに挑戦です。まずは１回跳ぶことを目指しましょう。

運動企画

　協調運動を考えるときに、大切な概念として「運動企画」があります。運動企画とは課題となる運動に対して、その運動を達成するために必要となる「体の使い方（腕や脚、手、関節など）」を連動させる順序を決めて、それの通りに動かすこと。そしてそのタイミングをはかることです。最初はむずかしくてぎこちない動きだったものが、無意識に自然にできるようになります。

　運動企画の発達が未熟ということは、運動を企画する力が弱い、つまり協調運動のつまずきにつながるということになります。

　頭の中で運動の順序を考えるのは大変で、体がなかなか動きません。考えている時点で、運動企画は弱いといえるかもしれません。私たちは考えずとも自然に運動をしているからです。

　たとえば、ジャングルジムの上り下りで途中までは行けたけど、その後どうしてよいかわからなくなって、その場で身動きがとれなくなるなんてことが起こります。ほかの子は少し練習すればすぐできるけれど、ある子は何倍もの練習や時間が必要だったり、できなくはないけど呑み込みが悪いという印象になったりします。

　運動企画は、遊びでも重要です。運動企画の発達が未熟な子どもは、同じ遊びばかりを繰り返して行ないがちです。考えなくてすむから、楽なのです。しかし同じ遊びばかりだと、気づきや発見、それを発展させて学ぶという流れがうまくいかなくなります。

遊びで発展させて、いろいろな運動企画を経験

たとえば、新聞紙をくしゃくしゃにして遊ぶとします。誰かが（大人でもOK）新聞紙は破けることに気づきます。これは、発見ですね。そしてやってみます。楽しい！

さらに誰かが、それをばらまけることに気づきます。発展しました。そして楽しい！　ちぎった新聞紙に新聞ボールを隠すという遊び方を見つける子もいます。ちぎった新聞紙をかき分け、ボールを隠す、見つける。楽しい！

むずかしいことでなくてよいのです。こんなふうに遊びに気づき、発展させて運動企画の発達

を促していきましょう。「考えるより体が勝手に動く」という感覚が大切なのです。

両側統合も重要な要素

両側統合とは、体の両側を同時に調整する能力のことです。たとえば片手で紙を安定させ、もう一方の手で書いたり切ったりするなど、制御され、組織的な方法で行われます。

両側性の統合や協調がうまくいっているということは、脳の両側（右脳と左脳）が効果的にコミュニケーションをとり、情報を共有していることを示す指標です。両手を協調して使えるようになると、両側統合がほぼできあがります。

たとえばボールを投げる両側統合の段階は、次のようになります。5歳くらいまでには、右側と左側、上半身と下半身が別の動きをしてスムーズに運動できるようになります。

①両手で下からボールを投げる
②両手で上からボールを投げる
③片方の手でボールを投げる

なお上記の③以降は、支持基底面（体を支えるために必要な床面積）の変化、体重の移動の有無、足のステップの導入などによって、投げる動作の発達段階が進み、動作パターンのレベルがあがります。

この両側統合は、運動だけでなく、生活動作の中でもスムーズにできるようになります。

感覚欲求のつまずきにアプローチ

感覚欲求は、生理的欲求と同次元のものであると P.8 で解説しました。

人間の欲求は5段階層に分かれて下から積みあげられていくようなイメージの「マズローの欲求5段階説」が有名です。すべての欲求の土台といわれるのが「生理的欲求」であるため、それと同じくらい大切なのが「感覚欲求」であるといえます。生理的欲求とは、人間が生きていくための基本的かつ本能的な欲求のことです。

たとえば、食欲や睡眠欲、排泄欲などが生理的欲求です。この欲求が満たされると次の段階の欲求を満たしたいと考えます。つまり、子どもの発達の源となるのが生理的欲求と感覚欲求と

いえることになります。

次の段階は、「安全欲求」です。安全欲求とは、心身の安全が確保された生活を送りたいという欲求のことです。つまり、自分の周りの世界に安心してアクセスして、周りの世界を知ろうとする欲求です。識別を育む段階となります。

3段階目は「社会的欲求」です。集団に所属したい、仲間を得たいという欲求で、友だちと遊びたい、うまく交流したいというものです。まさに、乳幼児期の大切な発達課題です。しかし、こうした段階の源が「感覚欲求」を満たしてはじめて成立するということを、私たちは忘れてはいけないといえます。

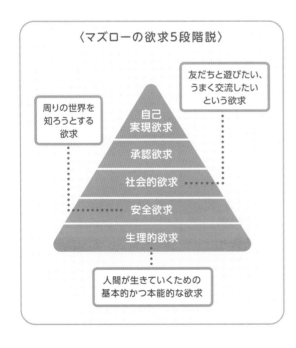

〈マズローの欲求5段階説〉

友だちと遊びたい、うまく交流したいという欲求

周りの世界を知ろうとする欲求

自己実現欲求

承認欲求

社会的欲求

安全欲求

生理的欲求

人間が生きていくための基本的かつ本能的な欲求

子どもの機嫌がよくなり、情緒を安定させ困った行動を軽減するのも、周りの世界に能動的にアプローチするのも、友だちとうまくかかわる方法を学ぶのも、この感覚欲求に配慮することが欠かせません。

ですから、感覚の足りない子はしっかりと感覚を満たして堪能させることが、感覚が過敏な子は苦手な感覚を避けながら安心できる感覚環境を用意することが必要なのです。

第1章 理論編
第2章 ボディイメージ
第3章 バランス感覚
第4章 触れて楽しむ
第5章 身のこなし
第6章 感覚を堪能する
第7章 ゲームで楽しむ

その他の感覚のつまずき

　私たちの体には、多くの種類の筋肉があります。なかでも、姿勢の維持・立つ・歩くといった動きの基礎となる筋肉を「抗重力筋」といいます。乳児期は、首がすわってから、立って歩くまで、この抗重力筋を使う姿勢や運動の連続といえます。

　たとえば、興味のあるものを見ようと首をもちあげる、手を伸ばす、寝返る、座位をとる、四つ這いで移動する、つかまり立ちをする、歩くといった、抗重力筋を使った抗重力姿勢と運動を駆使して発達していきます。この運動をいかに日常生活の中で能動的に行なうか、そうした動きを引き出す環境や遊びを用意するかが重要です。

　また、毎日のちょっとしたつながり遊びも重要

です。生後3〜4か月頃になると首がすわります。起きている間はうつぶせで遊ぶ時間も多くなるでしょう。抗重力筋の発達を促し、両手で体を支えることで肩甲帯の安定を図ります。

　さらに寝返りがうてるようになったら、寝返りで自由に移動できるようにしましょう。その後、ずりばい（腹ばい）ができるようになります。

　腹ばいを通して、体幹の筋肉が発達し、四つばい姿勢がとれるようになり、ハイハイ移動もできるようになります。これらのすべての運動を通して、立位、そして歩行に必要な筋力や感覚を身につけていきます。早い遅いというよりも、これらの発達段階をひとつひとつ、じっくりと経験し、獲得していくことが大切です。

おいで
おいで

幼児期はゲーム性をもたせた遊びで社会性も育む

　子どもにとってゲーム遊びや集団遊びは、遊びを通して人とかかわる楽しさやルールを学ぶことができる機会です。感覚統合遊びでは、感覚統合のつまずきにアプローチするとともに、コミュニケーションや遊びのルールの必要性を実感させていきます。また、友達の動きを見てよい影響を受けたり、楽しい気分をさらに強くしたりする効果も期待できます。

　本書では少人数での遊び、ルールが比較的単純な遊びを中心に紹介しています。無理のない人数構成で、大人に見守られながら安心して体を動かすことを配慮した内容となっています。

　しかし、リスクとしては、勝ち負けがあるゲームは情動を不安定にしたり、ルール理解がむず

かしくて、楽しめずみんなとやるのが嫌になったりする可能性もあります。子どもの発達の状態により、ゲーム性が強い遊びは選択を慎重にする必要があります。

砂場遊び

　本書の第2章以降で紹介している遊びには入っていませんが、砂場遊びは感覚統合・社会性の育みの遊びとしておすすめです。

　感触を楽しめる子は砂を触っているだけも十分ですね。水を入れれば、どろんこ遊びもはじまります。泥団子をつくるのは力加減の調整になりますし、発展した遊びであるお店やさんごっこになることもあります。固くてつるつるの泥団子づくりは、集中力も養います。

　砂を集めてのお山づくりも友だちとかかわりをもてる遊びです。山をつくるときには、シャベルを使ってたくさんの砂を運びます。このように、

砂場遊びは、固有感覚の調整や、感覚の入力が保証されています。

　山をしっかり固める、トンネルを掘るのも全身を使います。体の動かし方、力加減の調整が必要です。山が崩れないように気をつけて、素手でどんどん掘るのも楽しめます。トンネルがつながったら、トンネルの中で友だちと握手ができます。体をひねって、バランスをとりながら、見えないところを探って相手の手を探しましょう。スコップがあれば川をつくって水を流します。靴を脱いで川の中に入り、水の流れを足で感じとれば、さらに感覚を堪能できます。

チームで子どもを支える
（ケーススタディーと保護者支援）

理論解説の
ポイント！

● 感覚過敏は長い目で見ることが大切
● 社会性の発達を支える配慮と環境の支援が重要
● 保護者支援とチームづくりが求められる

アイディア・提案

ケーススタディー：偏食について

　私が保育園時代に担当した自閉症の女児は、園の給食をまったく口にしませんでした。味覚、触覚の過敏があったり、こだわりが強かったりが原因として考えられました。

　安心することが何より大切と考え、無理せず家庭から持参してもらった白飯を食べていました。1年くらいたったある日、突然給食を食べはじめました。本当にびっくりしましたが、彼女の中では「この安心できる場で、安心できる人たちが、自分が口にしないものをおいしいといっ

て食べている。きっとここにあるものは安心なのだ」という気持ちになったのではないかと考えました。

　すべての子がこんなふうにうまくいくとは思いませんが、偏食が強かった子が大きくなったら意外と何でも食べるということはよくあります。私たちが食を広げることに「こだわらない」ことも大切なのだと思います。「おいしい」と食べているところを見てもらい、子どもに安心してもらうことを意識してみましょう。

アイディア・提案

ケーススタディー：興味を活かす

　アルファベットが大好きで、英語に関心が強い男の子。この子も食べられるものがかなり限られていたのですが、好きな英語で食べ物を表記してみました。たとえば「miso soup」というように付せんに書いて、それぞれの器の前にはりました。

　すると、それを読みあげながら食べはじめたのです。もうびっくりです。もちろんすべてのものを食べたわけではありませんが、このことで確実に食べ

られるものの種類は増えていきました。子どもの興味・関心を活かすと、こんなことも起こり得るのです。

アイディア・提案

ケーススタディー：負けると怒ってしまう子

勝ち負けのあるゲームで負けて怒ってしまう子の場合、「怒ってもいいよ」と伝えます。「怒らない」と伝えると、反対にイライラが高じます。大切なのは、その怒りの気持ちを早くもとに戻す支援です。怒りと付き合うスキルを学ばせるということにフォーカスしましょう。

気持ちを早くもとに戻す支援の方法として、たとえば「安心ボックス」という箱にその子の好きなも

のやおもちゃを入れておき、怒ってしまったらその箱の中のアイテムを使って気持ちを切り替えることをすすめてみます。これは、ネガティブな気持ちを楽しいもので上書きするというイメージです。

この情動の調整力を整えていくことが、「自分の傾向を知り対策を立てる」ということにつながります。ネガティブな感情と付き合う手立てとなるでしょう。

mini column ミニコラム

アンガーマネジメントの視点で、安心できる感覚を取り入れる

アンガーマネジメントとは、怒りの感情と付き合う方法を考えて使うことです。アンガーマネジメントでは「怒らない」状態を目指さず、怒りが湧いてくる場面を予測してもらい、その状態になったらその怒りを調整する手立てを使います。そして、もとの穏やかな感情に戻していくことを練習します。怒りを調整する際に使うのがリラクゼーションアイテムです。アロマ（嗅覚）、マッサージ（固有感覚）、音楽を聴く（聴覚）、飴をなめる（味覚）、ペットをなでる（触覚）など、心地よい感覚を堪能できるものが大活躍します。

どんなものがリラクゼーションアイテムとして活用できそうか、子どもと相談し、積極的に取り入れてみましょう。私の経験では、アロマの匂いを嗅ぐのが好きな子が多い印象でした。柑橘系の活力が出る香りが好きな子どもが多かったのですが、これも子どもと相談して選択するとよいでしょう。

第1章 理論編

第2章 ボディイメージ

第3章 バランス感覚

第4章 触れて楽しむ

第5章 身のこなし

第6章 感覚を堪能する

第7章 ゲームで楽しむ

安心できる環境で感覚統合を支える

第1章をここまで読んでくれた人は、安心して周りの世界にアクセスして識別を育てられるような環境や、体を自然に動かす環境を、子どもに提供することの重要性を感じてもらえるかと思います。そのような低刺激で、わかりやすい環境をどうつくるかがポイントとなります。

このときに参考になるメソッドが「TEACCHプログラム」の構造化と呼ばれるものです。

このプログラムでは、①物理的構造化、②時間の構造化、③活動の構造化、④視覚的手掛かり、の4つの視点から環境を見直します。

①物理的構造化〜場所の視覚化

場所・活動を1対1で構成します。各空間を物理的に区切ることで、各空間や場面で何をすればよいかを視覚的にわかりやすくすることをいいます。

また、刺激を調整することも目指します。そのため、パーテーションや棚で場所を区切ったり、休憩できるスペースを設定したりするなどの配慮をします。

②時間の構造化〜時系列での視覚化

スケジュールなどの可視化です。いつ、どこで、何をするかを見てわかるようにします。子ども本人が落ち着いて、主体的に活動できるようにするためにも重要です。「はじめ」と「おわり」を明確にするのがポイントです。

③活動の構造化〜活動そのものの視覚化

活動の構造化は、時間の構造化の一部と考えてもよいかもしれませんが、各活動のひとつひとつを要素に分解し、活動の手順を示します。

たとえば、折り紙の折り方や手洗いの手順などがそれに当たります。

④視覚的手掛かり

一目見てわかる、忘れても思い出せるようなものです。言葉では伝わりにくいこと、伝えきれないことを視覚化し、子どもにもわかりやすく理解できるようにします。

たとえば写真やイラストを使ったり、色分けしたりするなどして子どもが視覚的に物事を把握できるように工夫します。

感覚統合遊びでは、どんな場所で（物理的構造化）、いつ（時間の構造化）、どんな手順で（活動の構造化）、どんな運動をどんな動きで（視覚的手掛かり）という視点で考えます。

知識・学習

保護者を支える

感覚統合的視点は、保護者にとっても大切です。保護者の方にも感覚統合的視点で、子どもへの理解を深めてもらいたいと思っています。子どもの行動の意味がわからずに、不安の中にいる保護者も少なくありません。特に「落ち着かない」「多動」で目が離せないタイプは、「感覚」の鈍感さに原因があるかもしれない、ということをほとんどの人は知りません。また、感覚の敏感な子どもに、慣れさせようとして無理にがんばらせ、状態が悪化してしまうこともよくあることです。

保護者の皆さんに、第1章で紹介した「固有感覚」「前庭覚」「感覚過敏」の解説をすると、「目からうろこが落ちました」「なるほど、それでは叱ってもよくならないですね」「無理にがんばらせるのは逆効果ですね」と理解をされ、子どもへのかかわりが劇的に変わります。

保護者の方は子どものためにという思いで、間違った方法をとってしまう場合もあります。誰も悪くありません。ただ、知らないだけなのです。ですから、まずは知ってもらうことが大切です。保護者の方にも感覚統合の視点を知ってもらうことで、子どもへの適切な対応が可能になります。また、子どもの発達を承認することにつながり、親子の温かい関係も保たれます。

アイディア・提案

大切なのは通訳とコーチング

まずは、子どもの行動の意味を「通訳」しましょう。このとき、感覚統合の知識が役立ちます。その上で、どうしたらうまくいくかを一緒に考えて、子どもと伴走しましょう。

保護者が子どもを無理なく支援できる方法や遊びを考えることが大切です。ティーチング（教える）ではなく、コーチング（ともに考えて勇気づける）ことが大切です。失敗しても大丈夫。失敗から学ぶことで、保護者と子どもに合った支援方法や継続できる遊びが見つかるはずです。

アイディア・提案

家庭で感覚を堪能する工夫

①G君の場合

　G君は部屋の中を走り回ることが多く、少しでも落ち着いて遊んでほしいと保護者の方は思っていました。そこで、階下に音が響かないように一人用のトランポリンを購入しました。好きなだけそこで跳ぶことができます。走りはじめたら「トランポリンにしよう」と声をかけます。「走らない」とNOをいったら、必ずそれに代わる「トランポリンを跳んでいい」というYESを用意することが大切なのです。

　この肯定的な声かけも、子どもにとっては心地よいものです。「何回跳べるか?」と数えてもらい、それを記録として自分で表に書き込む作戦もヒット!　しっかり跳んだ後は気持ちも落ち着くようで、好きなパズルやブロックに集中して取り組むようになりました。

　この「動の遊び」と「静の遊び」の組み合わせにより、走り回ることが激減しました。

②Hさんの場合

　Hさんは、食事中椅子に座りながら足をぶらぶらとゆすって前に蹴りあげてしまいます。テーブルにも足が当たり、落ち着いて食事がとれません。注意してもまったく改善しません。

　そこで、椅子の前足の部分に、横になるように太いゴムを張ってもらいました。すると、そのゴムに足の甲をひっかけ足をゆすることでゴムの感触を楽しむようになりました。足を大きく振りあげることはなくなり、落ち着いて食事がとれるようになりました。

　また、足を置くところに、青竹ふみのように足の裏に感覚が入るものを置くのもよいでしょう。感覚を入れてあげることで落ち着く子が多いので、座る環境を調整してみましょう。

太いゴム　　　青竹ふみ

アイディア・提案

チームで支える：子どもの支援を共有するポイント

子どもへのかかわりについて、連携をとるためにはシステムづくりが欠かせません。まず、「いつ」「どこで」「誰と」話し合いをもつのかを考えて、時間や場所を決めておきましょう。短時間でも充実した内容とするために、保育の記録の取り方も工夫します。

大切なのは保育の意図を書き込めるフォーマットを用いるということ。今ある保育記録に「なぜそうしたのか？」という保育の意図を書き込めるようにしてみましょう。

保育の意図を書き込んだ例

子どもの行動	自由遊びのときに癇癪を起した
保育者のかかわり	大丈夫だよと優しく伝え、静かな場所に誘導しマッサージをした
かかわりの意図	**聴覚過敏により癇癪になった**、ひとりになれること、好きな感覚を入れることにより落ち着けると考えた

子どもの行動	興奮して部屋を走り回っていた
保育者のかかわり	好きな塗り絵を出して誘ってみた、しばらくそばについていた
かかわりの意図	**覚醒レベルが上がっていた**ので、好きな遊びに集中させることでレベルを下げようとした。すぐに離れるとまた走り出すと思ったので落ち着くまではそばで見守った

もしも、話し合いの時間が十分にとれなくても、子どもの困った行動が起きたときのかかわりと意図を視覚化することで、子どもの支援の共有化が図りやすくなります。また、この記録を個別支援計画に反映させることもできます。

特に、集団になかなか入らず、人とのかかわりももたないようなタイプの子を担当すると、ほかの子どもや職員とのかかわりが少なくなり、孤立しがちになります。この孤立化を避けるためにも、記録をもとにコミュニケーションをとるように心がけましょう。

職員のかかわりにも P.9 で紹介した「氷山モデル」を当てはめ、行動の意味を共有することが大切です。また、自分のかかわりの意図を振り返り、言語化することで職員の子どもの見立て力や支援のアップデートも図れます。情報の共有により、支援のポイントやアイディアの幅も広がるでしょう。お互いの意図を意識してキャッチボールし、チームづくりに役立てましょう。

遊びの活用の前のインフォメーション

第2章からは、遊びの紹介をしていきます。遊びは、以下のように分類しています。また、各遊びについているアイコンは、「特にこの力を伸ばす遊び」ということを示しています。

ぜひ、本書で紹介している感覚統合遊びを参考に、子どもと楽しく遊んでください。大切なのは「遊んでいたら発達した！」です。

章	章タイトル	遊びの分類
第2章	ボディイメージ	固有感覚のつまずきにアプローチする遊び
第3章	バランス感覚	前庭覚のつまずきにアプローチする遊び
第4章	触れて楽しむ	触感覚のつまずきにアプローチする遊び
第5章	身のこなし	協調運動のつまずきにアプローチする遊び
第6章	感覚を堪能する	感覚欲求のアンバランスにアプローチする遊び
第7章	ゲームで楽しむ	感覚統合をゲームで楽しむ遊び

＜アイコンの特徴＞

名称	伸ばしたい能力	アイコン
パワーセンサーちゃん	力加減の調整が得意	
ボディイメージちゃん	自分の体の理解が得意	
ルックセンサーちゃん	見る力の調整が得意	
バランスセンサーちゃん	体のバランス調整が得意	
タッチセンサーちゃん	触って感じたり理解したりするのが得意	
リッスンセンサーちゃん	聞き分けて理解するのが得意	
コラボちゃん	体の部位を協力させて使うのが得意	
セーフマインドちゃん	情緒を安定させるのが得意	

第2章

あそび編

ボディイメージ

第2章では、おもに固有感覚のつまずきにアプローチする

遊びを紹介します。

ボディイメージちゃん

バランスセンサーちゃん

セーフマインドちゃん

あそび 01 ボールにタッチ

あ そ び か た

ゆっくりとボールを
見せる

おててでタッチ
できるかな

足でさわれるかな

手でもとうとした
り、足で触ろうとし
たりするまでゆっ
くり待つ

　仰向けで寝転んでいる状態の子どもにゆっくりとボールを見せ、子どもが自分の手足をもちあげて、そのままゴロンと横向きになる遊びです。床と接するのは背中だけになるので、ゆらゆらと前庭覚の刺激が入ってきて、遊んでいるうちにコロンと横向きになりやすくなります。ボールはビーチボールの空気を少し抜いたものがおすすめです。

✦ 効果とねらい

- 重力に逆らって手足をもちあげることで体幹がしっかりと働く
- 手足をもちあげるとコロンと転がりやすくなる
- ゆっくりとボールを見せることで、ものへの興味・関心を引き出す

注意点

- 子どもが目で追いやすいように、ボールはゆっくり見せる
- 子どもの手足が伸びてきたら、ボールをつかませてあげる
- 安心できるように顔を見ながら声をかける

第1章 理論編

第2章 ボディイメージ

第3章 バランス感覚

第4章 触れて楽しむ

第5章 身のこなし

第6章 感覚を堪能する

第7章 ゲームで楽しむ

ボールは子どもが手足で挟めるぐらいの大きさがおすすめです。また子どもがもちやすいので、ビーチボールなど少し空気を抜いたものを使うのもよいでしょう。なかなか手足があがってこない場合は、視覚刺激だけではなく、ビーチボールの中に鈴を入れて聴覚刺激も用いてゆっくり振ってみましょう。

子どもがしっかりボールをつかめたら、渡してあげます。ボールをもてたら、左右のどちらかに大人がボールをゆっくり動かして、コロンと横を向かせてあげましょう。

▶ いろいろなボールタッチ

・ツルツルしたボール
・凸凹のあるボール
・布のボール
・鈴が入ったボール など

　いろいろな素材に変えることで、触覚の違い、聴覚刺激などを楽しむことができます。

▶ タッチでコロン

　寝ている子どもの上から大人が手を差し伸べて、タッチをしてもらいます。軽く手をとってゆらゆらさせた後、コロンと横に向かせます。

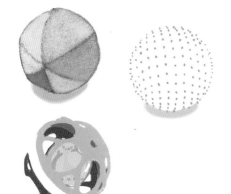

いろいろなボールタッチ

 ここからやってみよう！

子どもに腕や足を上にもちあげさせて、重力に逆らうような姿勢（抗重力姿勢）を促します。いろいろなボールを使って、能動的な動きを引き出してみましょう。体をゆらゆらさせて関節や筋肉の使い方を学びます。ものの操作がむずかしい場合は、大人が直接手をとって、動きを促しても OK。

あそび 02 スーパーマン

あそびかた

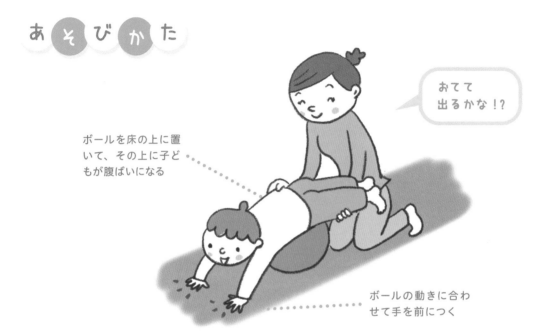

ボールを床の上に置いて、その上に子どもが腹ばいになる

おてて出るかな！？

ボールの動きに合わせて手を前につく

　キャンディボールの上で子どもを腹ばいにさせます。足、もしくは腰のあたりを大人は支え、体を前後にゆすってボールを転がします。転がるのに合わせて、子どもは手を床にしっかりついて前に進んだり、ボールの揺れを楽しんだりします。

✦ 効果とねらい

● 揺れに合わせて、手を前に出すパラシュート反応を引き出す
● 手で体を支える力を強化する、首をもちあげる力を促す
● 手で支えたときに体勢が崩れない力を育む

注意点

● 周りにぶつかるものがないか確認して安全な場所で行なう
● 手をついたときに、背中と床が平行になるサイズのボールを選ぶ

第1章 理論編

第2章 ボディイメージ

第3章 バランス感覚

第4章 触れて楽しむ

第5章 身のこなし

第6章 感覚を堪能する

第7章 ゲームで楽しむ

自分で歩き出した1歳児頃から遊ぶことができます。手を開いて床につけて体を支えているかを観察します。なかなか手が出ない子どもには、ボールを転がすスピードをいろいろ変えてみましょう。前庭覚の変化をあまり感じない子どもは、手が出ることが遅れることがあるので、大人がいつもそばについて、「おてて出るかな!?」と声をかけて遊ぶとよいでしょう。

▶ 片手でスーパーマン

片手はついて、もう片方の手をあげる動作を引き出します。大人は子どもの体を傾けるように支えましょう。まずは大人が見本を見せてから子どもにチャレンジさせましょう。

▶ 上向きスーパーマン

仰向けでボールにのせて、揺れを楽しんでもらいます。揺れを楽しむだけでもよいですが、仰向けでも手を床につけるようなら促してみましょう。

片手でスーパーマン

 ここからやってみよう！

「パラシュート反応」とは、急激な動きが起こるとバランスが崩れる方向に手足が伸びて支えようとする反応です。前庭覚につまずきがあると出てこないことがあります。怖がってしまう子の場合は無理をしないこと。興奮しすぎてしまう子の場合は遊んだ後に気持ちを落ち着かせましょう。

あそび 03 指の散歩

あそびかた

大人が指をゆっくり動かして、子どもはそれに合わせて指を動かす

大人と子どもが向かい合って人差し指を合わせる

上手についてきているね。しっかりくっついてお散歩できているよ

　指と指を合わせるつながり遊びです。固有感覚と触覚を調整しながら使います。大人と子どもが向かい合い、人差し指のみを合わせます。大人が、「これから指をお散歩に連れていくから、しっかりとつながってついてきてね」と伝えて、指を動かします。大人が動かす指に、子どもはしっかりつながったまま指を動かしていきます。

効果とねらい

- 指先に集中して触覚と固有感覚を感じながら動かす
- 手首、肘、肩関節や腕の筋肉を柔軟に使う
- 人との適切な距離を保ってやり取りを楽しむ

注意点

- 指1本だとうまく動かせない場合は**手のひら**で行なう
- 指先を目で追うことで、集中しやすくなる

指先を使った遊びなので、3〜4歳児以上だと上手に楽しめます。指先がうまく使えない場合は、手のひらをしっかり合わせてお散歩をしてみましょう。そうすることで、2歳児頃から遊ぶことができるでしょう。

大人が指を動かすスピードを、子どもの動かしやすいペースに合わせていきます。「指がぴったりくっついてるよ」「しっかり腕まで動いているね」など、指や手、腕の動きを具体的にほめていきましょう。

▶ 5本指の散歩

5本の指をそれぞれくっつけて、指の散歩をします。1本よりも、それぞれの指にしっかりと感覚が入力されるので動かしやすくなるでしょう。

▶ 両手で散歩

両手の人差し指をそれぞれくっつけて散歩をします。大人は左右の手を非対称に動かしましょう。両手の指それぞれに意識を向けて、左右別々の動きに合わせて遊びます。

5本指の散歩

 ここからやってみよう！

指先から入ってくる触覚と固有感覚を感じつつ、相手に合わせて指を動かします。いつでもどこでもだれとでも、気軽にできる遊びです。感覚をより意識させるために、遊ぶ前に指先や指の関節などをマッサージするのもよいですね。感覚を入れることで指先が動きやすくなります。

第1章 理論編

第2章 ボディイメージ

第3章 バランス感覚

第4章 触れて楽しむ

第5章 身のこなし

第6章 感覚を堪能する

第7章 ゲームで楽しむ

ボディイメージちゃん

ルックセンサーちゃん

コラボちゃん

あそび 04 クモの巣くぐり

あそびかた

チームに分かれてゲーム
性のある遊びを楽しむ

ゴムひもに触れないように
くぐったり、またいだりする

　室内にゴムひもや、すずらんテープなどを張りめぐらせてクモの巣に見立て、ク
モの巣に触れないようにくぐったりまたいだりします。年齢の高いクラスではゴムの
高さや間隔を変え、難易度をあげてもおもしろいでしょう。ポイントはクモの巣に触
れないようにすること。上手な子の動作をほめて、子どもたちに意識させましょう。

✦ 効果とねらい
- 自分の体の大きさや動きに意識を向ける
- ボディイメージの発達を促す
- ゴールに向けて運動を組み立てる力を育む

注意点
- 転倒してもケガにつながらないよう、**周囲の安全**に注意をはらう
- 子どもにゴムひも・すずらんテープを触らせて慣れさせる

あそぶときの**アドバイス**

　はじめは4〜5本のゴムひも（すずらんテープ）で行ない、慣れてきたら本数を増やしたり高低差をつけたりするなど、少しずつ取り組み方に変化を加えていけるとよいでしょう。

　先に進むことに夢中になってしまうと、ゴムひもに当たったかどうかを自分で感じることがむずかしくなります。そんなときはゴムひもに鈴をつけて、当たってしまうと音が鳴るようにするなどの工夫をするとよいでしょう。友だちが行なっている様子を見るとイメージをもちやすくなるので、上手な子の名前を呼ぶなどして意識を向けさせます。慣れてきたらチームに分かれてのタイムレースなどを取り入れてもよいでしょう。

あそびを**アレンジ**

リレー遊び

▶ リレー遊び

　チームに分かれてリレー形式で行ないます。行きはくぐる、帰りは走る、行きも帰りもくぐるなど、変化をもたせて行なうと楽しんで取り組めます。

▶ タイムレース遊び

　時間をはかることを遊びに組み入れるのもおすすめです。子どもも全身を柔軟に動かし、メリハリをより感じることができます。

ここからやってみよう！

　クモの巣の中に入るワクワク感が演出できます。手順を考えることで運動を企画することも同時に行ないます。速さを競うのではなく、あくまで自分の体を理解して調整することがポイント。まずはゆっくりくぐることからはじめましょう。

第1章 理論編
第2章 ボディイメージ
第3章 バランス感覚
第4章 触れて楽しむ
第5章 身のこなし
第6章 感覚を堪能する
第7章 ゲームで楽しむ

パワーセンサーちゃん

ルックセンサーちゃん

コラボちゃん

あそび 05 洗濯バサミでできるかな

あそびかた

壁に幅が約15cm、長さが約150cmのひもを貼ります（ガムテープの接着面同士を貼ってつくるとよい）。数字が書いてある場所に、靴下の形に切ったカード2枚を洗濯バサミでとめます。

ひもと、カード2枚を合わせて1セットにして洗濯バサミで固定します。

立ったまま上半身と腕を使って操作することは、食事の際のお茶碗をもつ動きや、ハサミを操作する動きにつながっていきます。

使う道具
- ガムテープ
- 洗濯バサミ
- 靴下型のカード

靴下の形をしたカードが落ちないように、しっかりと止める

数字の場所をしっかり見て、とめる

✦ 効果とねらい
- 腕を水平方向に浮かして操作する力を養う
- 利き手、非利き手の協調動作を促す
- ものをよく見て**手をコントロール**することを獲得する

注意点
- 洗濯バサミに自分の手を挟まないように気をつける
- 操作がむずかしい場合、大人がカードをもち、**洗濯バサミの操作のみを行なわせる**

第1章 理論編

第2章 ボディイメージ

第3章 バランス感覚

第4章 触れて楽しむ

第5章 身のこなし

第6章 感覚を堪能する

第7章 ゲームで楽しむ

洗濯バサミの操作は、子どもたちの好きな遊びのひとつです。空中にぶら下がっているものに、腕を伸ばして操作するのはむずかしさが伴いますが、ゲーム性もあって楽しく取り組めます。食具（食事道具）の操作や、ハサミの操作につながる活動なので、年中、年長の子におすすめの活動です。

なかなか手もとを見ない子でも、自然と手もとを見ます。ゲーム感覚にして友だちとの競争や、時間内に何個つけられるかなど挑戦するのも楽しいですね。子どもの好きなキャラクターなどでカードをつくってもモチベーションがあがります。

マークとカードのマッチング

▶ マークとカードのマッチング

マークと同じカードを探して、洗濯バサミで挟みます。マークを覚えて動きながら探すといったマッチングでも楽しめます。

▶ 自分で選ぼう（カードの枚数）

カードの枚数が少ないほうが簡単に操作できるので、子どもの上肢機能の発達段階に合わせて、カードの枚数を変えていきましょう。子どもが自分で選択することがポイントです。

 ここからやってみよう！

立ってやるのがむずかしい場合は、着席して洗濯バサミを使うことから取り組むとよいでしょう。また洗濯バサミのばねの強さを調整し、緩めておくとよりスムーズに操作ができます。洗濯バサミの種類もいくつか用意し、子どもに選ばせるのも楽しいですね。

ボディイメージちゃん

バランスセンサーちゃん

リッスンセンサーちゃん

あそび 06 全身はたあげ

あそびかた

赤あげて、青あげて

手袋や靴下をはいて立ち、大人が指示を出す

子どもは指示に応じて、手や足をあげたり下げたりする

　右手に赤い手袋、左手に青い手袋、右足に黄色の靴下、左足に緑の靴下をはきます。大人が、「赤あげて」「青あげて」「黄色下げて」などと指示します。子どもは指示を聞いて、手や足をあげたり下げたりします。手はしっかり上まであげ、足は膝を90度あげるように伝えましょう。

✦ **効果とねらい**

- 筋肉や関節を適切に動かす
- 足をあげるため**バランスをとる**経験ができる
- 指示を理解して適切に動作を行なう

注意点

- 無理のないポーズになるように指示を考える
- 片足立ちがむずかしい場合は**軽く足をあげるだけ**でよい

手が上まであがるように、足が90度の角度になるように、子どもにポーズのイラストなどを提示して、子どもが体の形をイメージできるようにしておきましょう。関節と筋肉をしっかりと使って遊ぶことが大切です。指示のスピードを早めたり、ゆっくりしたりすることで楽しさも増しますし、体の使い方の変化も味わえます。

指示どおりに体が動かない場合は、大人が正面に立って見本を示しながら行なってもかまいません。なお、手袋や靴下がない場合は、シールなどをそれぞれの手や足に張り、色分けをしてもよいでしょう。

▶ ゴロンはたあげ

立ってやっていた全身はたあげを寝転んで行ないます。イメージしにくい場合、大人が見本を示しましょう。両足のあげ下げもできるのでポーズの幅が広がります。

▶ ミラー体操

大人と子どもが向かい合って立ちます。大人はいろいろなポーズをやって見せましょう。子どもはそのポーズをまねて、同じように手足を動かします。

ゴロンはたあげ

 ここからやってみよう！

左右の手足を意識して動かすことで、ボディイメージが育まれることが期待できます。固有感覚に感覚が取り込まれ、片足立ちポーズを取り入れることで前庭覚が刺激されます。指示を聞きとってすばやく反応することは、ボディイメージの未熟な子どもには大切な遊びです。複数人で遊ぶのも楽しいでしょう。

第1章 理論編
第2章 ボディイメージ
第3章 バランス感覚
第4章 触れて楽しむ
第5章 身のこなし
第6章 感覚を堪能する
第7章 ゲームで楽しむ

あそび 07 一緒に積み木

せーの

2人でひとつの積み木をもちあげる

せーの

そっと挟みながら、積み木の上に積んでいく

　子どもと大人の2人1組で、小さめの積み木を一緒に積んでいきます。ただし、積む際に使える指は人差し指1本だけ。お互いに力加減を調整して、協力して積み木を10個程度積みましょう。もちあげるときや置くときには、「せーの」など声をかけ合うと上手に積んでいけます。

✦ 効果とねらい
- ものをしっかり見る力を育む
- 力加減の調整を育む
- 協力することを楽しむ

注意点
- 人差し指だけだとむずかしい場合は、2本の指や手のひらで挟む
- 積み木の重さは少し重めで、挟む感覚を感じやすいものを選ぶ

第1章 理論編

第2章 ボディイメージ

第3章 バランス感覚

第4章 触れて楽しむ

第5章 身のこなし

第6章 感覚を堪能する

第7章 ゲームで楽しむ

手首のひねりや指先の力加減を調整して、相手と息を合わせて遊びます。集中して積んでいくことが必要なため、集中力を養うことにもつながります。10個程度の高さになると、挟んでもちあげる動きも出てきます。たとえ最後に倒れてしまっても、倒れること自体を楽しめます。失敗しても何度もチャレンジできますし、クリアーすれば達成感をもてるでしょう。子どもの発達に応じて積む個数は、調整していきましょう。遊び方に慣れてきたら、子どもどうしでももちろん遊べます。

▶ 積み木を運んで積もう

積み木を積む場所を少し遠くに配置し、積み木を挟んで歩いて移動してから積みます。ただ積むよりも、よりむずかしくなります。

▶ 一緒にジェンガ

積み木の代わりにジェンガを使い、縦横2本ずつ交互に積んでタワー状に組み立てます。

積み木を運んで積もう

 ここからやってみよう！

お互いの積み木を支える力を固有感覚で感じながら、相手に合わせて自分の力加減を調整していきます。積み木を積むという単純な遊びですが、倒さずに積むというゲーム性もあり、楽しんで行なえます。積み木を歩いて運ぶ、ジェンガを積むというアレンジも、ねらいは同じですが少しずつむずかしくなるので、子どものチャレンジ精神をくすぐります。

ボディイメージちゃん

リッスンセンサーちゃん

コラボちゃん

あそび 08 全身後出しじゃんけん

あそびかた

グーは、足を閉じて腕を組む

チョキは、片足をあげて両手は上にあげる

パーは、手と足を広げて大の字

グー

チョキ

パー

　体を使ってじゃんけんのポーズをします。じゃんけんのポーズは、「グーが足を閉じて腕組み」「チョキが片足をあげて手はばんざい」「パーが手と足を広げて大の字のように」の3種類です。大人が「後出しじゃんけん・じゃんけんパー」といえば、パーのポーズをとり、グー・チョキといえばそれぞれのポーズをとります。

✦ 効果とねらい

● 臨機応変に運動を切り替える力を育む
● 自分の体の部位を意識して動かす
● 両手足の協調運動を育む

注意点

● ポーズがむずかしい場合は手だけのポーズにする
● 子どものペースを考え、声かけのスピードを調整する

あそぶときの **アドバイス**

体の右側左側を同時に調整することを、「両側統合」といいます。まずは体の右側と左側の動きを同じにするポーズから楽しみましょう。チョキのポーズだけ片足をあげるので、左右の動きが別になり少しむずかしくなりますが、変化を楽しませましょう。

大人の声を聞き分けて、瞬時にポーズをとります。柔軟に切り替える力も育まれます。大人が指示を出すタイミングを早めたり、ゆっくりしたりすることで、子どもは聞き分ける力とともに、ポーズを維持するために固有感覚や前庭覚をしっかり使うこともできます。

あそびを **アレンジ**

グー　パー

全身じゃんけん

▶ **全身じゃんけん**

このポーズを使って実際にじゃんけんをします。負けた子はその場で1回転するなど、ルールを決めておくと盛りあがります。

▶ **全身じゃんけんパート2**

じゃんけんで勝った子が負けた子に、「走る」「歩く」と指示します。負けた子は指示に合わせて、勝った子の周りを1周します。

 ここからやってみよう！

両側統合の感覚を養うことは、片手で紙を安定させ、もう一方の手で書いたり切ったりするなど、左右別々の動きをする高度な動きにつながります。左右同時の動きから、左右別々の動きへと発展させていく遊びが有効です。子どもが上手にポーズをとれるようになったら、ポーズも変えてアップデートしてみましょう。

第1章 理論編
第2章 ボディイメージ
第3章 バランス感覚
第4章 触れて楽しむ
第5章 身のこなし
第6章 感覚を堪能する
第7章 ゲームで楽しむ

パワーセンサーちゃん

ルックセンサーちゃん

コラボちゃん

あそび 09 ふわふわ風船

あそびかた

　風船をふくらませて、手のひらでポンと上につきあげます。強く力を入れすぎると風船がうまく手元に戻ってこないので、力加減の調整が必要になります。また、風船をしっかり目で追って、風船のタイミングに合わせることも必要です。何回風船をつきあげられるかを楽しみましょう。

自分のタイミングで風船を繰り返しつきあげる

風船をもって準備する

1・2・3・・・

効果とねらい

- 動くものを目で追う力を育む
- 風船をつきあげる力加減を調整する
- 風船の動きに体の動きを調整して合わせる

注意点

- ひとりで繰り返すのがむずかしい場合は、大人と一緒に遊ぶ
- ぶつからないように広い場所でやるようにする

あそぶときの **アドバイス**

動く風船を目で追いかけて、それに体を合わせていく遊びです。この目の動きを「追従性眼球運動」といいます。この眼球運動は、ものの形を捉えて、人との距離感を測り、体のバランスをとるときに必要です。年長になると十分に機能するといわれており、風船を使うことで、この動きが自然と引き出せます。風船は適切に力を入れないと変な方向に飛んでしまいます。肩関節から腕をしなやかに、適切な力加減で動かすことがポイントです。繰り返し遊ぶことで、コツがつかめてくるでしょう。

あそびを **アレンジ**

みんなで風船バレー

▶ 風船バレー

大人と、もしくは子どもどうしで2人1組になって打ち合います。続けることが目的なので、打ち合いやすいようにそっと風船をつきあげましょう。

▶ みんなで風船バレー

3人以上で輪になって、風船を打ち合います。みんなで声をかけ合いながら、できるだけ長く続けられるようめざします。

 ここからやってみよう！

「ふわふわ風船」は、ゲーム性も高く、ひとりでつきあげる回数の記録を更新させる楽しみや、2人で協力したり、3人以上で遊ぶことを楽しんだりすることができます。ふわふわ飛ぶ風船は見ているだけで楽しい気分になりますし、子どもが好きな色の風船を選べるとさらに気分もあがるでしょう。

第1章 理論編

第2章 ボディイメージ

第3章 バランス感覚

第4章 触れて楽しむ

第5章 身のこなし

第6章 感覚を堪能する

第7章 ゲームで楽しむ

体の動きがぎこちない

ボディイメージちゃん

セーフマインドちゃん

コラボちゃん

あそび 10 一緒に運ぼう

あそびかた

子どもが2人1組で、床に寝ている人形をタオルにのせて、目的地に運ぶ遊びです。バスタオルから人形が落ちないように、友だちとタイミングを合わせながら立ちあがり、お互いの力と歩くスピードを合わせることが必要です。むずかしい場合は大人と組むとよいでしょう。

人形をタオルにのせて、ゆっくりもちあげる

目的地を見て、ゆっくり運ぶ
（今回はお人形のベッド）

✦ 効果とねらい

● 相手の力とタイミングに合わせることを経験する
● 力加減を調整する
● 上半身・下半身を各々調整して動かす

注意点

● 両手がふさがるので転ばないように注意する
● 同じくらいの身長の子どもどうしで組ませる

第1章 理論編

第2章 ボディイメージ

第3章 バランス感覚

第4章 触れて楽しむ

第5章 身のこなし

第6章 感覚を堪能する

第7章 ゲームで楽しむ

「一緒に運ぼう」は、歩行が安定した年齢から遊べます。子どもは力加減の調整をして相手に合わせることを、遊びを通して学べます。タオルをしっかり「握る」「握り続ける」ことは、姿勢が安定しなければできない動きなので、自然に体に力も入り、体幹を育む動きになります。また、手首や腕のコントロールをすることにつながるため、たとえば茶碗をもって食べるという動きの基礎にもなっています。

ボールを運ぼう

▶ ボールを運ぼう

人形が運べるようになったら、次はボールを運びましょう。ボールのように転がって動いてしまうものは、よりお互いの力加減の調整・協力が必要になります。

▶ みんなでボール運び

子どもを4人に増やして、タオルの四隅をもちます。さらにボールを4個にして運びましょう。

▶ 棒でボール運び

年長クラスでは、2人で向かい合って2本の棒をもち、その上にボールをのせて運ぶなどの高度な遊びにもチャレンジしましょう。

 ここからやってみよう！

チームで協力して目標を達成するレクリエーションゲームとなります。適切に力加減を調整したり、体の向きや腕・足の動きを調整したりして、メンバーと協力してものを運びましょう。チームワークやコミュニケーション能力を養うことも期待できます。

ボディイメージちゃん

ルックセンサーちゃん

バランスセンサーちゃん

あそび 11 荷物運びサーキット

あそびかた

子どもは四つ這いになります。大人が背中と頭にお手玉をのせて、スタートの合図をします。子どもは荷物を運んでいることを意識して、ゴールまで四つ這いで進みます。お手玉が落ちてしまったら、大人がのせ直します。

落とさずに進んでいくことを意識させるように、大人は「ゆっくり」と声かけをしましょう。

ゆっくり

子どもは四つ這いになり、大人が背中と頭にお手玉をのせる

前を見ながらお手玉を落とさないように進む

✦ 効果とねらい

- 体幹を保持しながらバランスをとる
- 進む方向をしっかり見て体を動かす
- ボディイメージが育まれる

注意点

- お手玉は落としても大人がのせ直すと伝える
- 子どもが進む方向をしっかり見るように促す
- むずかしい場合はハンカチなど落ちにくいものを使う

子どもは頭をしっかりあげた姿勢で、四つ這いになります。手首、肩、股関節、ひざなどの関節と、足と腕の筋肉を柔軟に使いながら前に進みます。頭にのせるお手玉は落ちやすいので、むずかしい場合は背中だけにしてもよいでしょう。

子どもはバランスをとるために前庭覚を使い、体の軸を感じながら体幹を育むことができます。手首、肩、股関節、ひざなどの関節を使うことで、自分の体への意識を高めることができ、ボディイメージも育むことができます。

お玉でリレー

▶ お玉でリレー

子どもはお玉にのせたピンポン玉を落とさないように運びます。往復して戻ったら、次の子と交代してリレー形式で楽しみましょう。

▶ おじぞうさんゲーム

子どもは立った姿勢でお手玉を頭にのせてもらい、バランスをとりながらゴールまで進みます。ゴールをしたら、お手玉を次の順番の子どもの頭にのせてリレーをします。

ここからやってみよう！

速さを競うことが目的の遊びではありません。ゆっくりでよいので、お手玉を落とさないように運ぶことを意識させることが大切です。

上手に運べるようになったら背中に複数のお手玉をのせたり、高這い姿勢で運んだりするとよいでしょう。

第1章 理論編

第2章 ボディイメージ

第3章 バランス感覚

第4章 触れて楽しむ

第5章 身のこなし

第6章 感覚を堪能する

第7章 ゲームで楽しむ

column 「どうして？」と聞かないで……

子どもが困った行動をしたときに、「どうしてそんなことしたの?」と子どもに聞いてしまうことはありませんか。しかし、この質問に正しく答えられる子がどれくらいいるでしょう。

走り回っている子が、「僕は前庭覚が鈍感だから、感覚欲求が強いんだ」なんて、答えられるわけもありません。前庭覚や感覚欲求の話は、大人が子どもの中で起こっていることを、理解して仮説を立てるべきことです。

子どもはこの質問には答えられないばかりか、この質問形式による問い詰めによって情緒が不安定になります。不安の中、「どういったら大人は許してくれるのか?」ばかり

を考えるようになります。そして、なんといってよいのかわからないと、「固まる」「しゃべらなくなる」などの状態になり、追い詰められてしまいます。

また、「音がうるさくて、みんなと一緒にできない」と伝えても、「目の前のことに集中してごらん」「みんながんばっているよ。君だけじゃない」などといわれると、自分のつらさを伝えることさえ、あきらめてしまうようになります。

まずは、その子の行動を「感覚統合の視点」から理解し、背景にある理由に仮説を立ててみましょう。大人が察することで、対応を考えてみてください。

子どもの行動と理由を線でつなげてみよう

座るのがむずかしい・走り回る（A）　●　　●　（a）ボディイメージが未熟

階段を降りるのをこわがる（B）　●　　●　（b）覚醒レベルの調整ができない

着替えを嫌がる（C）　●　　●　（c）前庭覚が敏感

友だちをたたいてしまう（D）　●　　●　（d）固有感覚の感覚欲求が強い

ボーっとして指示が耳に入らない（E）　●　　●　（e）力加減の調整がむずかしい

答え　（A）—（d）　（B）—（c）　（C）—（a）　（D）—（e）　（E）—（b）

※上記は感覚統合の視点で考えた場合の答え

第3章

あそび編
バランス感覚

第3章では、おもに前庭覚のつまずきにアプローチする

遊びを紹介します。

ボディイメージちゃん

バランスセンサーちゃん

セーフマインドちゃん

あそび 12 タオルそり

あそびかた

子どもに声かけをしてゆっくりバスタオルを動かす

出発するよ！

足を前に出した姿勢で座る

　動くバスタオルの上に座って、前庭覚の変化を感じながらバランスをとる遊びです。床にバスタオルを広げて、その上に子どもが足を前に出して座ります。バスタオルを大人が前、横、後などにゆっくり引っ張りましょう。「バスが出発します！」「曲がるよ！」「到着！」などと声をかけながら動かしていきます。

✦ 効果とねらい
- バランスを保持するためにふんばることで、座るための体幹が育つ
- お尻を使って座ることを覚える
- 転びそうになったときに手が出るようにする

注意点
- 子どもが反応できるように、タオルはゆっくり動かす
- いきなり動かさず、必ず声をかけてから行なう

第1章 理論編
第2章 ボディイメージ
第3章 バランス感覚
第4章 触れて楽しむ
第5章 身のこなし
第6章 感覚を堪能する
第7章 ゲームで楽しむ

あそぶときのアドバイス

子どもの体がよろけたときに、手が出るか確認してみましょう。体の動きに合わせて転ばないように手を広げたり、バランスをとろうとしたりする姿が見られるとよいでしょう。

バスタオルの動きに応じてバランスをとる様子がみられると、座る力が育っている目安になります。

あそびをアレンジ

箱型そり

▶ 箱型そり

座る姿勢が崩れやすい子の場合は、そりをバスタオルから段ボールに変えてみましょう。箱型のダンボールの中ではダンボールが姿勢の保持を助けてくれるので、子どもも安心して楽しめます。

箱型そりは子どもに引っ張ってもらうのもよいですね。力加減がむずかしい場合は、大人と一緒に引っ張りましょう。また、箱型そりを押して動かす遊びを取り入れてもよいでしょう。固有感覚がしっかり入ります。

 ここからやってみよう！

姿勢を変えるのがむずかしい子どもにおすすめの遊びです。大人が目の前で声をかけながら動かしてくれると、子どもは安心します。バスタオルの動きに合わせて、揺れを楽しみ、姿勢の変化を体験できます。子どもの不安を解消しつつ、まずは心地よい感覚を入れることを心がけて動かしましょう。

ボディイメージちゃん

ルックセンサーちゃん

セーフマインドちゃん

あそび **13** 両手でタッチ

あそびかた

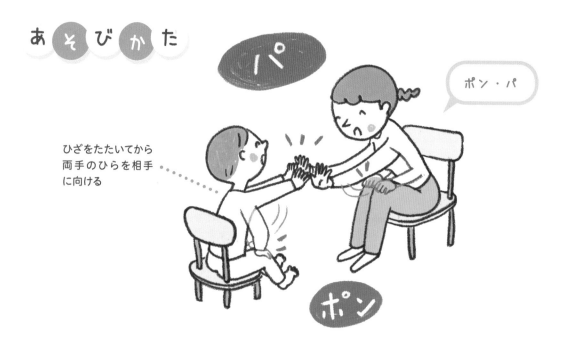

ひざをたたいてから
両手のひらを相手
に向ける

パ

ポン・パ

ポン

　大人が差し出した両手に、子どもが両手でタッチして遊びます。大人と子どもで2人組をつくり、大人がひざを1回たたいてから、適当な距離をとった両手を相手に向けて差し出します。子どもも1回ひざをたたいてから、大人の両手に合わせてタッチします。これをいろいろな幅や位置で繰り返しタッチして楽しみます。

✦ 効果とねらい
- 両手の幅と位置を見て捉えて、スムーズに両手を同時に動かす
- 手の位置が変わるので、その変更に合わせて**手の位置や幅を視覚や触覚で捉えて、手や腕の関節、筋肉を適切に動かし調整する**

注意点
- 子どもが**タッチしやすい幅や位置**を見極めて、両手を差し出す
- 子どもが合わせやすいリズム、ペースを考える

第1章 理論編

第2章 ボディイメージ

第3章 バランス感覚

第4章 触れて楽しむ

第5章 身のこなし

第6章 感覚を堪能する

第7章 ゲームで楽しむ

リズミカルにお互いが、「ポン・パ」というように両手のタッチを促します。ゆっくりとはじめ、徐々にスピードアップしていくと楽しいでしょう。

手の位置は横、縦、斜め、また幅を広め、狭めなどと変化をもたせて遊びを展開させます。年中以上であれば、子どもどうしでも遊ぶことができるでしょう。ハイタッチのように、手をピタリと合わせる感覚と変化を楽しみます。

差し出された両手の位置を視覚で捉え、認識して（視覚や触覚）反応していくことで、空間と体の位置の捉え方が上手になり、前庭覚のつまずきの改善につながります。

あそびを アレンジ

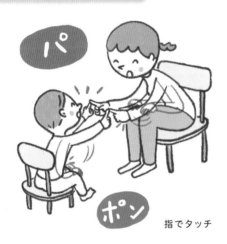

指でタッチ

▶ 指でタッチ

手のひらでのタッチを人差し指に変えて遊びます。人差し指を立て、両手でタッチと同じリズムで指先と指先をくっつけましょう。

▶ クロスでタッチ

両手でタッチと指でタッチを組み合わせて、両手を交差させたタッチも取り入れます。大人の動作に対応して、手のひら、指、クロスを合わせて遊びましょう。

ここからやってみよう！

関節や筋肉をスムーズに動かすことで、固有感覚にもアプローチします。リズムのかけ合いも楽しみながら、相手に合わせる気持ちを育みましょう。両手でタッチからはじめて、指、クロスとむずかしくしていきましょう。「うまくタッチできた！」という達成感を大切にしてください。

あそび 14 くるくるフープ

あそびかた

手首を使って
フープを回す

よく見て、ジャンプして飛び込む

セーの

　フラフープを床に立てた状態でもち、手首を使ってコマのようにくるくる回します。回っているフープがだんだん横に倒れてくるので、それをしっかり見て、自分のタイミングでそのフープの中にジャンプして飛び込みます。うまくタイミングが計れない場合、大人がそのタイミングを「せーの」などと声をかけて、指示してあげるとよいでしょう。

効果とねらい
- ものをしっかり見る力を育む
- タイミングよくジャンプして、バランス感覚を養う
- 前庭覚を刺激して揺れや回転を楽しむ

注意点
- 子どもがフープを回せなければ、大人が回す
- フープに引っかからないタイミングを大人が指示する
- フープを転がしたい場合は広い場所で遊ぶ

第1章 理論編

第2章 ボディイメージ

第3章 バランス感覚

第4章 触れて楽しむ

第5章 身のこなし

第6章 感覚を堪能する

第7章 ゲームで楽しむ

運動企画とはこれから行なう「運動」を「企画」する能力です。今までの経験や、自分の運動能力に応じてどんな動きをどんな手順で行なうかを組み立てます。遊びの場合、これを瞬時に無意識でしていることが多いのですが、この力が弱いと特に「はじめてやる運動」では、うまく体が動かなかったり、怖がったりすることもあります。大人が見本を見せたり、動きの手順を絵で見せたりするのもよいでしょう。フープに入るタイミングがむずかしいと思うので、声をかけたり、背中を軽くたたいてあげたりして「運動企画」を助けていくとよいでしょう。

フープに飛び込め

▶ フープに飛び込め

色が異なるフープを床にいくつか並べておきます。大人が「赤」「青」などとフープの色を伝えます。子どもは両足、もしくは片足で指示されたフープにジャンプして入ります。

▶ 転がしフープ

フープをまっすぐ転がします。子どもはそれを追いかけて、フープが止まって床についたところにジャンプして入ります。

 ここからやってみよう！

手首をひねってフープを回す、回るものをしっかり見る、タイミングを計算する、ジャンプして一定の場所に飛び込むなど、さまざまな要素が入っている遊びです。むずかしい場合は、アレンジバージョンの「フープに飛び込め」から遊んでもよいでしょう。

バランスセンサーちゃん　セーフマインドちゃん　リッスンセンサーちゃん　コラボちゃん

あそび 15 一緒にターン

あそびかた

大人と子ども、もしくは子どもどうしが2人1組で両手をつないで向き合います。

息を合わせて手を左右にゆすりながら、「1・2・3」とかけ声をかけます。

「3」のかけ声とともに手を振りあげながら、肩を回して背中合わせに体を移動させましょう。肩関節や手首などをスムーズに動かす必要があります。

2人で両手をつないで向き合う

1・2・3

手をつないだまま、背中合わせになる

✦ 効果とねらい
- 姿勢の保持や、体の動きのぎこちなさの改善につながる
- 体の軸を感じながら、バランス感覚を養う
- 相手に合わせて遊ぶ楽しさを体験する

注意点
- 回転する方向がわかりにくい子は大人が腕を使って誘導する
- 子どもと大人でやるときは、大人はひざ立ちになる

かけ声に合わせて手を動かすことと、「3」でタイミングを合わせてクルンと後ろ向きになる動作により、子どもは回転の刺激が感じられます。

「一緒にターン」は大人と子ども、もしくは子どもどうし、いつでもどこでも楽しむことができます。手をつないでいることにより、大人が体の動きを誘導することもできます。むずかしい場合は、片手を離した状態で後ろ向きを誘導して、関節を使って回転することを楽しめればOK。上半身と下半身の関節をスムーズに動かす体験ができます。背中合わせからもとに戻るときは、視線を子どもにしっかり合わせて笑顔でほめるようにしましょう。子どもは達成感を得られます。

あそびを アレンジ

いち　にぃ

さ〜ん　　くるっとターン

▶ くるっとターン

「1・2・3」と回るときに、「3」のかけ声を長めにして、背中合わせから正面に向き合うところまで1回転で回り切ります。

▶ くるくるターン

回るときに「3」のかけ声をさらに長めにして、2回転・3回転と楽しみます。事前に子どもと何回転するか決めておくとよいでしょう。

ここからやってみよう！

好きな先生とくるくる回るのが子どもたちは大好きです。

かけ声を長く伸ばすのも、とっても楽しいアクションなので、

しっかり声を出しながら回りましょう。息が続く限り回り続けるなんてルールも、ワクワクしますね。目が回る可能性に注意して、広いところで遊びましょう。

あそび 16 スイングキャッチ

あそびかた

大人と子どもの２人で遊びます。子どもは大人の前に気をつけの姿勢で立ちます。大人は子どもの上半身くらいの幅をとって、前にひざ立ちでかまえましょう。子どもが大人に向かって、前にまっすぐに倒れます。倒れてきた子どもの肩あたりを大人が手で受け止めます。子どもは倒れこむときの揺れる感覚を楽しみつつ、大人に受け止められたときにしっかり固有感覚を感じます。

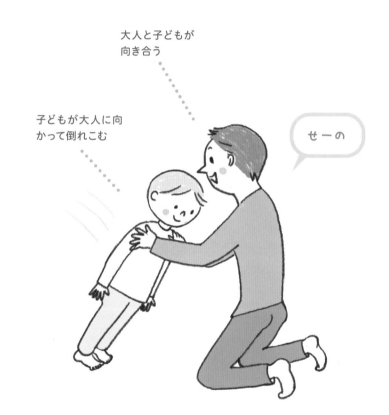

大人と子どもが
向き合う

子どもが大人に向
かって倒れこむ

せーの

効果とねらい
- 揺れの感覚を楽しむ
- 姿勢をしっかり保持して、筋肉や関節の調整力を育む
- 大人との信頼関係を育む

注意点
- 足を固定して倒れるのがむずかしいときは、立ち位置を示す足型を用意する
- 子どもが怖がるときは、倒す角度をゆるやかにして無理をしない

第1章 理論編

第2章 ボディイメージ

第3章 バランス感覚

第4章 触れて楽しむ

第5章 身のこなし

第6章 感覚を堪能する

第7章 ゲームで楽しむ

あそぶときの **アドバイス**

子どもが足を床にしっかりとつけた状態で、姿勢を保持したまま大人に倒れこみ、大人が受け止める遊びです。倒れこむときのスリルとともに、揺れの感覚をしっかり感じます。受け止められたときは固有感覚がしっかり入ります。大人に受け止められたときに、しなやかに体幹をしならせながら、姿勢を崩さないようにすることがポイントです。

やってみたい気持ちはあるけれど、不安を示す場合は、あらかじめ手で肩を支えて倒れこませ、揺れる感覚を安心して楽しませましょう。

あそびを **アレンジ**

後ろ向きスイングキャッチ

▶ 後ろ向きスイングキャッチ

子どもは後ろ向きで大人の前に立ちます。「せーの」のかけ声で後ろに倒れこみます。大人はその子どもを支えます。後ろに倒れる場合は、後ろの大人の準備が整ったことを必ず確認してからはじめるよう伝えます。

▶ 往復スイングキャッチ

子どもを挟んで大人が2人、前と後ろにかまえます。前に倒れた子どもは元の体勢に押し戻されて、今度は後ろに倒れます。前と後ろと順に倒れて前後の揺れを楽しみます。

 ここからやってみよう！

前庭覚と固有感覚がしっかり入る遊びです。感覚欲求が

強く体がソワソワ動いてしまい、落ち着きがない子どもが

大好きな遊びです。腰が引けてしまうなど、姿勢が崩れて

しまっても大丈夫。まずは、揺れを感じて楽しむことから

はじめましょう。

バランスセンサーちゃん

コラボちゃん

あそび 17 カウントケンパ

あそびかた

「ケンパ・ケンパ・ケンケンパ」とフープを配置します。ケン（片足で跳ぶ）の際に、片足立ちを長めにしてもらい、大人がカウントします。「ケン・1・2・3・パ・ケン・1・2・3」というように、ケンのときに3秒カウントして、子どもは3秒間片足でバランスをとります。カウントは長くしたり短くしたりしましょう。

ケン・1・2・3

「パ」で両方の手足を広げて着地する

パッ

片足で3秒間バランスをとる

✦ 効果とねらい

● 片足立ちでバランスをとることを楽しむ
● 跳びながら体をぴたりと安定させることで、バランス感覚を養う
● 体の切り替え力を育む

注意点

● カウントの長さは子どもが成功しやすいように調整する
● 足をついても、バランスをとる楽しさを体験することが大切

第1章 理論編

第2章 ボディイメージ

第3章 バランス感覚

第4章 触れて楽しむ

第5章 身のこなし

第6章 感覚を堪能する

第7章 ゲームで楽しむ

あそぶときの アドバイス

カウントの長さは、2秒・3秒・5秒など徐々に長くしていくと、子どもがちょっとがんばればできる体験を積み重ねていけるので、達成感がもてるでしょう。グラグラしても足をついても、バランスをとろうとする経験が大切です。

ケンパの流れや、イメージがつかみにくい子どもには大人が見本を示してから、行ないましょう。フラミンゴをイメージさせる絵や写真を使うのもよいでしょう。

あそびを アレンジ

トン・トン・パ

カウントトンパ

▶ **カウントトンパ**

ケン（片足立ち）の部分を、トン（両足を閉じた状態）にします。カウントしている間は気をつけの姿勢で、しっかりと姿勢を保持しましょう。

▶ **自分でカウントケンパ**

自分で「ケン・123・パ・ケン・123・パ」と跳びながらカウントをします。

▶ **ジャンプでケンパ**

ケンと片足立ちする場所に低めの巧技台を置き、そこにジャンプをしてケンのポーズをとります。ポーズの長さは子どもと相談して決めます。

ここからやってみよう！

グラグラ、ゆらゆらする感覚を楽しむことが目的なので、足がついてしまっても大丈夫です。ピタリと止まって、片足でバランスがとれたらかっこいいですね！ 子どもの力に合わせて、跳び方を選択しながらバランスをとる体験をさせましょう。

バランスがうまくとれない

 ルックセンサーちゃん
 バランスセンサーちゃん
 リッスンセンサーちゃん

あそび 18 飛行機テイクオフ

あそびかた

飛行機のように両手を広げる

合図でフープの中に片足で跳び込む

テイクオフ

　子どもの人数より多めにフラフープを床へ置きます。子どもたちはその周りをタンバリンなどのリズムに合わせて歩きます。大人の「テイクオフ」という言葉の合図で、子どもたちは飛行機のように両手を広げ、フープの輪の中に片足立ちで跳び込み、止まります。少しタイミングをおき、またタンバリンなどをたたいたりすると、子どもたちは歩きます。これを繰り返して遊びましょう。

✦ 効果とねらい
- 音を聞いて瞬時に反応する
- 片足立ちでバランスを調整して体を保持する
- 体全体の協調運動を育む

注意点
- 子どもどうしが接触しないように、「テイクオフ」の合図を伝える
- 片足立ちがむずかしいときは両足で立ってもOK

フラフープは、同じフープに2人入っても余裕がある大きさを選びましょう。また、フープを子どもの数より多めに用意する、フープに入るのはひとりとルールを明確に伝えるなどして、子どもが接触しないように注意します。

子どもの様子を見て「テイクオフ」の合図を送るタイミングや、片足立ちの長さなどを配慮して遊びを進めましょう。飛行機の離陸をイメージして、子どもがその気になるような演出で楽しく遊べることができるとよいでしょう。

ピンポイント飛行機

▶ ピンポイント飛行機

フープではなく、片足の足型を床に置きます。大人の合図で、子どもたちはピンポイントでその足型に合わせて片足立ちをします。

▶ 高くても飛行機

平均台や箱積み木を並べて、大人の合図で低い場所から高い場所へのテイクオフを促します。低めの平均台に並んでテイクオフして遊ぶのも楽しいものです。

 ここからやってみよう！

片足立ちでなく両足で跳び込むのなら、2歳頃からでも遊べます。合図で一斉にピョンと跳ぶこと自体がワクワクするので、「テイクオフ」をかっこよく伝えましょう。日常生活の中でも、よきタイミングで「テイクオフ」と声をかけ、子どもたちに片足立ちをさせてもよいでしょう。

第1章 理論編
第2章 ボディイメージ
第3章 バランス感覚
第4章 触れて楽しむ
第5章 身のこなし
第6章 感覚を堪能する
第7章 ゲームで楽しむ

ボディイメージちゃん

ルックセンサーちゃん

タッチセンサーちゃん

あそび 19 バウンドキャッチ

あそびかた

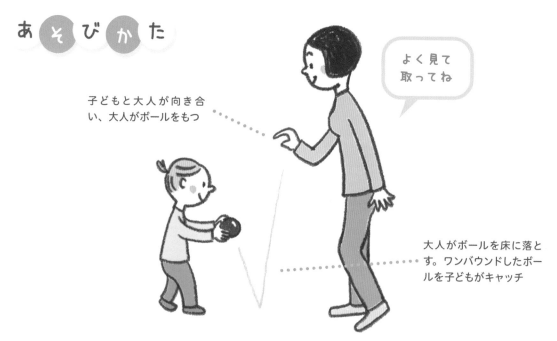

よく見て
取ってね

子どもと大人が向き合い、大人がボールをもつ

大人がボールを床に落とす。ワンバウンドしたボールを子どもがキャッチ

　大人と子どもが向き合い、大人は野球ボール程度の大きさのボールをもちます。そのボールを床に落としてワンバンドさせます。子どもはそのボールをよく見て、ワンバウンドしたボールをキャッチします。大人はボールを落とす際に、フェイントをかけたりして、子どもとのやり取りを楽しみながら行ないましょう。

効果とねらい
- ボールの動きに合わせて体を動かす
- 弾む高さや方向を調整して、子どもが取りやすいように弾ませる
- 動くものを目で追う

注意点
- 失敗をしても、ボールを見ていることをしっかりほめる
- 両手でキャッチしても OK と子どもに伝える

第1章 理論編

第2章 ボディイメージ

第3章 バランス感覚

第4章 触れて楽しむ

第5章 身のこなし

第6章 感覚を堪能する

第7章 ゲームで楽しむ

あそぶときのアドバイス

ボールをもたせたり、床に弾ませたりして、ボールになじませるために、最初は子どもひとりで遊ばせるとよいでしょう。バウンドキャッチは、ボールの軌跡をしっかり目で追う必要があります。その軌道に自分の体や腕の動きを合わせて、ボールをキャッチすることを楽しみます。

子どもがボールをキャッチするタイミングで、大人が「はい」などと声かけをするのも、取るタイミングを理解する手助けになります。うまく取れない場合はアレンジを参考に、キャンディボールなど大きめのものを使うと取りやすくなるでしょう。

あそびをアレンジ

大きめのボールでバウンドキャッチ

▶ 大きめのボールでバウンドキャッチ

子どもがキャッチしやすいように、キャンディボールなど両手でもてる大きさのボールを使って遊びます。野球ボール程度のサイズのボールではうまくキャッチできない子におすすめです。

▶ やり取りバウンドキャッチ

大人と子どもが1メートルくらい離れて向き合います。真ん中あたりでボールをバウンドさせて相手にキャッチしてもらい、それを繰り返しましょう。

 ここからやってみよう！

うまくできなくても、まずボールを見ていることをしっかりほめます。むずかしければ、2バウンドまでで取れればOKとしてもよいでしょう。距離をとって遊ぶなら、ボールをバウンドさせるだいたいの位置をテープで貼って、示してもよいですね。

ボディイメージちゃん

バランスセンサーちゃん

セーフマインドちゃん

あそび 20 一緒に歩こう

あそびかた

大人は立った姿勢で、子どもの足を自分の足の甲にのせ、手は子どもとつなぎます。この体勢で大人がゆっくり歩き、子どもはその動きに合わせて足を同じように動かしましょう。

体が左右に揺れながらもバランスをとり、大人の足から落ちないように、一緒に歩きます。手をつなぐだけだとバランスがうまくとれない場合は、大人は子どもの脇部分を支えてもよいでしょう。

イチ・ニ・イチ・ニ

ゆっくりと一緒に歩く

子どもを足の甲にのせて手をつなぐ

✦ 効果とねらい

● 揺れに合わせてバランスをとって歩く
● 大人の足の動きに合わせ、筋肉や関節を適切に動かす
● 姿勢を保持する

注意点

● 「イチ・ニ」のかけ声のリズムを子どもに伝える
● うまく歩けない場合は子どもの脇をしっかり支える

大人の足の甲にのるというやや不安定な状態で、大人の足の運びに合わせて歩きます。バランスを適切にとるとともに、足の筋肉は足首、ひざ、股関節などを柔軟に使うことも要求される遊びです。柔軟に使えない場合、足がつっぱりますので、「ひざを曲げて」「力を抜いて」などの声かけも必要になります。

一緒に歩くことを楽しみつつ、体の使い方のヒントを伝えましょう。大人とつながっているので、子どもに体の使い方を促進することもできます。

あそびを アレンジ

後ろも一緒に歩こう

▶ 後ろも一緒に歩こう

前だけでなく、後ろ向きにも歩いてみます。前・後と方向を伝えつつ切り替えましょう。後ろ向きに進む際にはぶつかるものがないか注意しましょう。

▶ 左右に一緒に歩こう

左右にカニ歩きの要領で歩きます。右・左と方向を声かけしながら進みます。その場で1回転してみてもよいでしょう。どの方向に行きたいか、子どもに決めてもらっても楽しいですね。

 ここからやってみよう！

大人と一緒に歩ける体験は、子どもはとても喜びます。保育活動として取り入れられるほか、トイレに誘導するときなども、「『一緒に歩こう』でいこうよ」ということで、気持ちを切り替えやすくなってトイレに行けるようになった子もいます。この遊び自体が切り替えのご褒美の役割を果たしているのです。

column 固有感覚の仕事

固有感覚は4つの役割（仕事）があるといわれます。①体の各部の位置を把握する力（位置覚）、②運動の速度変化や運動の方向を感じ取る力（運動覚）、③押したり押されたりした際の力を把握する力（抵抗覚）、④ものをもったときの重さを感じ取る力（重量覚）です。特に力加減に関連するのが「重量覚」の仕事です。たとえば、ドアを勢いよく閉めてしまう子。イライラしている場合もあれば、閉まる音を楽しんでいる場合もありますが、ドアの重さを手で感じることが苦手なのかもしれません。

ものの重さがうまくわからないなんて、大人の基準で考えると想像しにくいかもしれません。しかし、その子は「そっと」とか「やさしく」ということがわからないのです。こ

のような場合は、「そっと」や「やさしく」を遊びで体験させましょう。

たとえば、紙風船はふくらませて飛ばすときに、そっともたないと飛びません。上につくときも力加減が必要です。また、ティッシュを割くのもよい操作になります。指先をやさしく操作しないと、うまく割けません。ティッシュをそっと丸めて綿菓子みたいにします。それをつぶさないように、友だちとリレーしていくというのも、自然に「そっと」「やさしく」を体験できますね。さらに、電卓なども使い方次第です。数字好きな子は大好きなツールですが、指先で「そっと」「やさしく」押して音が出ないように数字を打ち出す。これは大人でもなかなかむずかしいことですが、遊びとして取り入れるとよいかもしれません。

これだけは押さえておこう

□ 固有感覚は筋肉や関節に感じる感覚

□ 固有感覚には、位置覚・運動覚・抵抗覚・重量覚という仕事がある

□ 力加減を調整する仕事は、重量覚がしている

□「そっと」「やさしく」を体験からしか学べない子どももいる

第 **4** 章

あそび編
触れて楽しむ

第4章では、おもに触感覚のつまずきにアプローチする

遊びを紹介します。

触覚過敏、手先が不器用

タッチセンサーちゃん

セーフマインドちゃん

あそび 21 中身当て

あそびかた

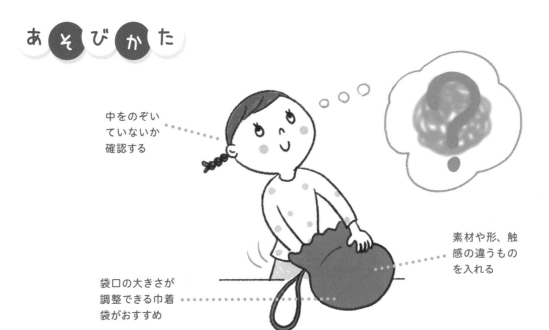

中をのぞいていないか確認する

袋口の大きさが調整できる巾着袋がおすすめ

素材や形、触感の違うものを入れる

巾着袋の中に、いつも遊んでいるおもちゃや生活用品などを入れ、手で触って当てる遊びです。その子が苦手な素材は避け、触り慣れているものや、触り心地のよいものからはじめましょう。袋に入れる前に2つのものを見せてから、子どもに見えないようにひとつだけを袋に入れて、見たものの形や触感を想像しながら触って当ててもらいます。

✦ 効果とねらい

● 能動的に触ることで、識別する力をつける
● 力の調整や手指の細かい動きがうまくできるようになる
● ものに合わせて手を形づくる力を育てる

注意点

● 形が単純で、触り心地のよい素材からはじめる
● 上手に答えられなくても、楽しめるように配慮する
● 子どもには中身を見ないで当てるように伝える

　箱を用いると空間が大きく、感覚が過敏になりがちですが、袋を用いることで安心感を得ることができます。不安が大きい子や失敗を嫌がる子には、袋の上から触らせてあげたり、「いつも遊んでいるおもちゃだよ」など、安心できるようにヒントを伝えてから、はじめたりするとよいでしょう。

　袋に入れるものと同じもの（もしくは画像）を準備して、回答を選択制にすると失敗を嫌がる子も取り組みやすくなります。上手に言葉で答えられない子でも、指さしで楽しむことができます。

あそびを**アレンジ**

数を数えてみよう

▶ 数を数えてみよう

　数の概念がある子には、複数個の積み木やビー玉などを入れておいてもよいでしょう。それらも手探りで数えさせます。袋の中に両手を入れて、もち替えながら数えてもOK。

▶ 複数から選んでみよう

　袋の中に素材を複数入れて、指定されたものを選んで取り出す遊びです。形や素材が異なるものからはじめ、少しずつ難易度をあげていきましょう。

 ここからやってみよう！

　中に入っているものが、子どもの好きなキャラクターや、食べ物のサンプルだと、モチベーションがあがります。すぐ袋の中を見てしまう子には、アイマスクをさせて遊ぶのも一案です。触っている時間を「10 カウント」数えるなど、ルールを工夫して遊ぶのもよいですね。

第1章 理論編

第2章 ボディイメージ

第3章 バランス感覚

第4章 触れて楽しむ

第5章 身のこなし

第6章 感覚を堪能する

第7章 ゲームで楽しむ

触覚過敏

ルックセンサーちゃん

タッチセンサーちゃん

セーフマインドちゃん

あそび 22 タッチング遊び

あそびかた

肩にタッチ

大人が子どもの体にタッチ、またはシールを貼る

　　大人が背中・もも・肩・ひじ・おへそなどに「肩にタッチ」などと声をかけながらタッチをしたり、シールを体に貼ったりして、はがすことを楽しみます。子どもが見えるところからはじめて、次に見えないところにタッチしたり、シールを貼ったりしましょう。見えるところは自分でシールをはがしてもらいます。

✦ 効果とねらい

- 体の部位を知る
- 目と手を一緒に動かす、協調運動の力を育む
- 自分の体に関心をもつ

注意点

- 嫌がる子どもにはシールをはがすことのみ楽しませる
- シールを興味のあるキャラクターなどにして引き込んでも OK

不安が強い子はどこなら安心してタッチさせてくれるかを、子どもに聞きながら行ないましょう。子どもの後ろ姿の写真や絵を用意して、見えないところにタッチ、または貼るときは写真や絵を見せて、「ここだね」と教えてあげます。自分の体の部位とリンクさせて、タッチした場所や、シールを貼った場所を確認して、体の部位への関心を促しましょう。

あそびをアレンジ

シールをいくつ探せるかな

▶ シールをいくつ探せるかな

目をつぶる、もしくはアイマスクをした子どもの全身に、見える場所や見えない場所など、あちこちにシールを貼り、自分で探してもらいましょう。

▶ 触っているところはどこだろう

子どもに「ここはどこ?」と聞きながら、手のひら全体や指で体を触って答えてもらいます。むずかしいときは、写真や絵に向かって指さしをして、部位を当ててもらってもよいですね。

ここからやってみよう!

タッチするときは、手のひらなど広い面で、触るところをしっかりと見せたほうが安心できます。苦手意識のある子どもでも、大人がこの遊びをやってみせることで、自分が体験したような感覚になります。安心できることが第一ですので、子どもが自分からやりたいという気持ちになるまで待つ取り組みが必要です。

タッチセンサーちゃん

セーフマインドちゃん

あそび 23 踏んで当てよう

あそびかた

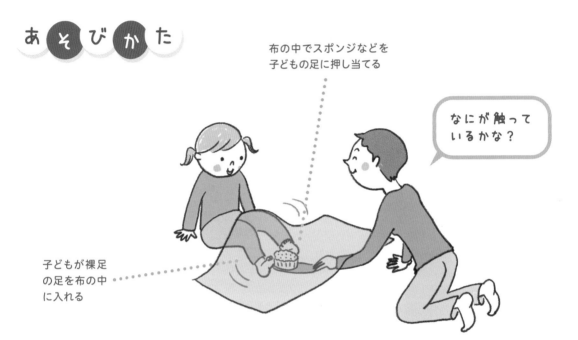

布の中でスポンジなどを
子どもの足に押し当てる

なにが触っているかな？

子どもが裸足
の足を布の中
に入れる

　子どもは裸足になり、足に布をかけて見えなくします。足の裏に、スポンジ、たわし、ブラシ、大人の指などを押し当てて、なにが触れているのかを子どもに当ててもらいます。言葉で答える、実物を指さすなど、子どもが答えやすい方法を選択します。触れるものは事前に予告して、嫌がるものは使わないようにしましょう。

効果とねらい
- 足の裏に心地よい感触を感じる
- 集中する力を向上させる
- ものの感触を識別する力を育む

注意点
- 遊ぶ前に、好きな感触のものを子どもに選んでもらう
- これから触れることをしっかり予告する

子どもが安心して受け入れられる素材だけを使用しましょう。子どもに苦手な触感がないかあらかじめ確認しておき、子どもに気持ちがよいか話しかけながら触れると、子どもは安心できます。

当てられたら布をあげてから、ほかの部位などいろいろなところに触れさせて感触を楽しみましょう。

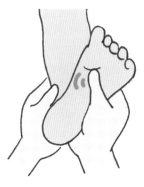

リクエストマッサージ

▶ 指当てクイズ

布で隠した子どもの足の指1本を触り、どの指に触ったのかを当ててもらいます。軽くではなく、しっかりと触ったほうがわかりやすいでしょう。

▶ リクエストマッサージ

押す・たたく・さする・握る、伸ばすというマッサージの中から、子どもにどれがよいかリクエストしてもらいます。大人はそれに応じて優しくマッサージをしましょう。マッサージにより覚醒レベルが下がることで、子どもの気持ちを落ち着かせる効果も期待できます。

 ここからやってみよう！

足裏の感触を楽しむのは、ドキドキ・ワクワクするもの。

不安を抱かせないようにしながら楽しみましょう。足のマッ

サージは好きな子が多いですね。一定のリズムで好きな感覚

を入れることで気持ちが落ち着いてくることもありますので、

日常生活の中にも取り入れてみてください。

第1章 理論編
第2章 ボディイメージ
第3章 バランス感覚
第4章 触れて楽しむ
第5章 身のこなし
第6章 感覚を堪能する
第7章 ゲームで楽しむ

バランスセンサーちゃん

タッチセンサーちゃん

セーフマインドちゃん

あそび 24 くっつき虫

あそびかた

子どもが2人1組になります。新聞紙を1枚広げて上に2人でのります。

次にその新聞紙を半分におってもらい、その上に2人でのります。せまくなるので、くっつかないとのれません。

さらにもう半分に折ってもらい、2人でのって、10秒カウントします。

新聞紙以外のものを使ってもよいので、子どもの体のサイズに合わせてのるものの大きさや素材を工夫してみてください。

子どもが新聞紙を広げる

新聞紙の上に2人でくっついてのる

✦ **効果とねらい**

● 友達とくっつくことを楽しむ
● 狭いところに立って、体のバランスを保つ
● 姿勢を保持する

注意点

● のるものの大きさを調整する
● 転ばないように見守る

あそぶときの **アドバイス**

子どもどうしのペアは大人が決めましょう。嫌がる場合は、「参加しない」「見学する」などの選択肢も用意します。この遊びは、くっつきながら姿勢を保つことを楽しみます。押さないというルールも事前に伝えておくとよいでしょう。

大人となら遊べる子どもがいるかもしれませんので、柔軟に対応しましょう。ただし、狭いところに立つので、バランスを崩して転ぶリスクがあります。その点に注意して見守りましょう。

あそびを **アレンジ**

大人にくっつき虫

▶ 大人にくっつき虫

大人が立っているところに子どもがくっつきます。大人と少しでもくっついていれば OK とし、何人までくっつけるかを楽しみます。この場合は、新聞紙は使いません。

▶ 巧技台でくっつき虫

低めの巧技台に、子どもにひとりずつのってもらいます。何人まで乗れるかを楽しみます。

 ここからやってみよう！

「おしくらまんじゅう」など、子どもどうしがくっつく遊びはそれだけで楽しいものです。ただし、接触が強くなるとトラブルのリスクも増えます。ルールを明確にしたり、人数に制限をかけたりして、リスク回避をしていきましょう。

第1章 理論編

第2章 ボディイメージ

第3章 バランス感覚

第4章 触れて楽しむ

第5章 身のこなし

第6章 感覚を堪能する

第7章 ゲームで楽しむ

タッチセンサーちゃん

セーフマインドちゃん

リッスンセンサーちゃん

あそび 25 指の体操

あそびかた

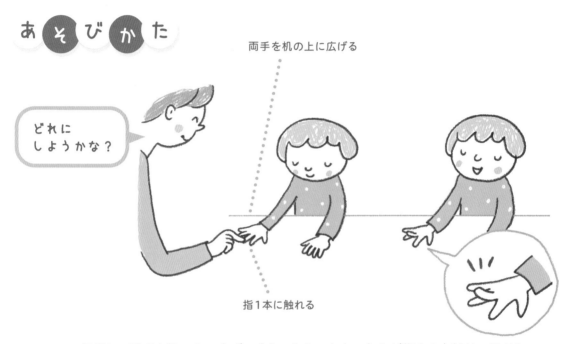

両手を机の上に広げる

どれに
しようかな？

指1本に触れる

　子どもに両手を机の上に広げて出してもらいます。大人が指を1本触り、子どもは触れられた指を動かします。動かし方は上にあげても折り曲げても OK。1度に触る指を2本、3本と増やしていき、そっとタッチするように触れるなどして、変化させます。4歳以上なら、目をつぶって触れられた触感覚で当ててもらいます。

✦ 効果とねらい
- タッチされる触感覚を楽しむ
- 触れられた感覚に応じて指先を適切に動かす
- 大人とのやり取りを楽しむ

注意点
- 目をつぶって遊ぶので、少し強めに触れる
- 目をつぶるのを嫌がる場合は、無理強いをしない
- 触れることを予告してからタッチする

第1章 理論編

第2章 ボディイメージ

第3章 バランス感覚

第4章 触れて楽しむ

第5章 身のこなし

第6章 感覚を堪能する

第7章 ゲームで楽しむ

手のひらを広げるように伝えます。うまく広がらない場合は、指の間にある水かき部分をマッサージするとよいでしょう。心地よい感覚が入って指を広げるのに役立ちます。

指の触感覚を使うことが重要ですが、感じにくい場合は指に圧迫する刺激も入れて、固有感覚も使いましょう。遊びの前に指の関節をマッサージしてみるのも心地よい刺激が入り、子どもは喜びます。子どもが好きな童謡などの歌を歌いながら行なうことで、さらにリラックス効果を高めてみるのもよいでしょう。

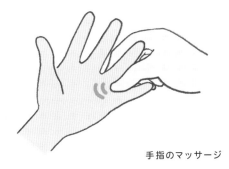

手指のマッサージ

▶ 手指のマッサージ

大人が子どもの手のひらを親指で押します。指の関節や、指の間の水かき部分をマッサージしましょう。

▶ タッチはいくつ

子どもに目をつぶってもらいます。大人が子どもの手のひらに、自分の指を1本もしくは2本当てます。子どもはその指の本数を当てます。ゲーム感覚で楽しみながら行ないましょう。

 ここからやってみよう！

手先の不器用な子には、手のリラクゼーションが大切。指の体操は楽しい遊びですが、手のマッサージも子どもの様子を見ながらぜひ試してください。手順は、①「手のひらの圧迫刺激」②「手のひらと指をしっかり開くように、指先を引っ張りながらマッサージ」③「手首を軽くもって前後にゆすったり、くるくる回したりする」です。

姿勢と気持ちの関係

固有感覚と前庭覚がうまく使えないと、姿勢がうまく保てず、姿勢の崩れにつながります。でも、感覚に偏りがあることだけに注目していると、よい支援につながりません。なぜなら、姿勢は子どもの「気持ち」との関連が深いからです。

子どもの日常をよく見てみると、感覚に偏りがある場合でも「姿勢がシャキン」として活動しているときがありませんか。それは、「好きなこと」を「やる気」に満ちてやっているときだと思います。「身をのり出して」という表現がぴったりだと思いますが、興味のあることや気持ちがのりやすいことには、自分の重心や姿勢を整えていきます。反対に気持ちが向かないと、姿勢は崩れてしまいます。

こう考えると、姿勢が崩れているときは、その子の「好きなこと」でもなく「やる気」も出ないことを大人が強いているという理解にもなります。姿勢の崩れをなんとかしたいと考えるより、好きでやる気が起こる活動を増やすことを考えましょう。よい姿勢を保つ経験は、活動次第ということです。このように姿勢の崩れは、子ども理解の目安にもなります。ですから、姿勢が崩れてきたら「飽きてきたのかな?」「集中が切れてきたのかな?」と考えて別の活動を提供するなど、子どもへの働きかけを工夫してみましょう。

できないことに目を向けるのではなく、できている場面に目を向けてその場面を増やすほうが、子どもの姿勢をよくすることを効率的に実現できます。ぜひ、子どもがよい姿勢で取り組んでいる活動を見つけてみましょう。

子どもがよい姿勢で取り組んでいる活動をチェック

□ パズルなどのマッチングの遊び　　□ 色や形などを楽しむ遊び

□ 工作など想像して手先を使う遊び

□ 塗り絵や迷路など、塗ったり書いたりする遊び

□ ブロックや折り紙など組み立てる遊び

□ その他（　　　　　　　　　　　　　　　　　　　　　　　　）

第5章

あそび編

身のこなし

第5章では、おもに協調運動のつまずきにアプローチする

遊びを紹介します。

なかなか歩き出さない

 ボディイメージちゃん バランスセンサーちゃん コラボちゃん

あそび 26 浮き輪で散歩

あそびかた

子どもに浮き輪をもたせ、大人と一緒に立ちあがる

イチ、ニッ！
イチ、ニッ！

座った姿勢の子どもに浮き輪をつける

子どもと一緒に足を振り出して歩く

　座った姿勢の子どもに浮き輪をつけて、手でつかませます。大人は後ろで支えながら子どもと一緒に立ち、浮き輪をもってゆっくり歩きましょう。重心を左右に傾けることで、前庭覚を刺激し、足の振り出しを促すことができます。

✦ 効果とねらい
- 浮き輪に両手でつかまることで触覚と固有感覚がしっかり入り、子どもの安心につながる
- 前庭覚の変化に合わせて足を前に振り出すことができる

注意点
- 浮き輪の大きさは子どもに合わせて選ぶ
- 子どもが怖がる場合は無理強いをしない

あそぶときの **アドバイス**

　子どもの足の振り出しをよく観察して、足を振り出すペースに合わせて、左右に重心を移動しながら進むとよいでしょう。子どもが歩くことを楽しんでいるかどうか、大人はしっかりと表情を確認し、息を合わせて遊びましょう。大人が笑顔で穏やかに声をかけることで、子どもも安心して遊びを楽しむことができます。

あそびを **アレンジ**

輪っかで散歩

▶ 輪っかで散歩

　浮き輪につかまることが減ってきたら、フラフープの輪に変えて「支え」を減らしてみましょう。フラフープにすることで、つかまる部分が細くなります。大人は浮き輪のときと同じように後ろからフラフープを支えてください。

▶ 手つなぎ散歩

　大人が前方から、子どもの手を優しくつなぎ、支えながら歩きます。子どもの足の振り出しに合わせて重心を移動させ、前に進ませましょう。

 ## ここからやってみよう！

　浮き輪はふわふわして体にフィットするので、歩きを支えるにはよいツールです。まずは大人と「つながり」「揺れ」を楽しみながら、子どもに体の動きを体験させましょう。歩かせようと意識しすぎないこともポイントです。子どもの自然な足の振り出しを尊重しながら楽しみましょう。

ボディイメージちゃん

ルックセンサーちゃん

コラボちゃん

あそび 27 椅子トンネル・椅子渡り

あそびかた

体を小さくしてね

イチ、ニッ！
イチ、ニッ！

慣れてきたら椅子を数個並べてその下を進む

最初はひとつの椅子の下をくぐる

　椅子を並べて、椅子の下をほふく前進で通ります。くぐる椅子の数は多くしたり、少くしたりして楽しみましょう。また、椅子の上を歩くのもおすすめ。まっすぐに歩いたり、背もたれをまたいだりするなど、いろいろな変化をつけて楽しみましょう。

✦ 効果とねらい

- 体の軸を保ちながら、体感を左右にバランスよく揺らし、**体の左右を協調して動かせるようになる**
- 椅子の下をくぐったりすることで**自分の体の大きさを意識させる**

注意点

- 転んだりしてケガをしないように、周囲の安全に気を配る
- 椅子の上を歩いたり、背もたれをまたいだりするときは、**大人がしっかり手をつなぐなどサポートの方法を考える**

子どもの状態に応じて椅子の大きさを変えてみましょう。まず椅子のない状態でほふく前進の練習をしてからチャレンジするのもよいでしょう。なかなか前に進まない子には、足の裏を支えてあげて、床をけることを体験させます。

椅子の上を歩かせる場合は、姿勢の保持やバランスをとるために大人が支えることが必要です。

▶ 進め、探検隊！

椅子や机にすずらんテープなどで飾り付けをしたり、ラミネートしたカードやキャラクターのイラストなどを貼ったりして、宝探しをさせましょう。子どもはほふく前進で進みながら探検気分があじわえます。

▶ 落ちないように！

椅子の間を少しあけて、椅子と椅子の間をまたいで歩かせてみましょう。子どもは落ちないように、緊張感とスリルがあじわえます。椅子と椅子の間の距離は、子どもの足の長さに合わせて調整しておきましょう。

進め、探検隊！

ここからやってみよう！

ほふく前進によって、子どもは体の中心（軸）をしっかり保ちながら、体幹を左右にバランスよく揺らし、協調しながら進みます。また、足の指でしっかり床をキャッチすることも必要なので、できれば裸足で行なうとよいでしょう。固有感覚にもしっかりと感覚が入ります。

ルックセンサーちゃん

バランスセンサーちゃん

コラボちゃん

あそび 28 黒白オセロゲーム

使う道具
- カード×15（直径30cm程の大きさに切った段ボールを、オセロのように表裏を白黒に塗る）

くろ（しろ）、くろ（しろ）

相手の色カードをひっくり返す。対戦相手にぶつからないように注意する

開始前は、カードを前にそれぞれの陣地で座って待つ

時間内に相手の色カード（黒）を、自分の色カード（白）にひっくり返します。ルールは相手を押さないこと。相手の色カードを見て体をかがめ、腕や関節を使ってひっくり返します。移動したり、しゃがんだりして、姿勢を調整していきます。

✦ 効果とねらい
- 立つ、座る、腰を下ろしたまま移動するなど、こまめな姿勢の変化を繰り返すことで、体のバランスが整う
- 周りを見回して移動場所を考えるので目と体の協調運動が促される

注意点
- 子どもが腰を下ろす姿勢が苦手な場合は、膝をつくように伝える
- 相手とぶつかることが多い場合は、置くカードの間隔を広くとる

シンプルで単純な動きの中に、複数の感覚を使う動きがあります。勝ち負けのルールにしなければ、3歳くらいからでも遊べます。お尻を床につけないで移動する動きは、バランスだけでなく、筋力も使います。また、カードをめくる手首のひねりの動きは、道具の操作の前段階の練習になり、食具のコントロールの動きなどにもつながっています。

時々、自分は何色のカードをひっくり返すと勝てるのかわからなくなる子もいるので、必要に応じて大人が声かけをしてあげましょう。

ひとりでオセロ

▶ ひとりでオセロ

黒白のカードを用意してひとりですべての色カードをひっくり返すことを楽しみます。タイムレースにするのもよいでしょう。

▶ いろいろオセロ

黒と白のカードだけでなく、表裏が赤と青など、さまざまな色のカードを用意して遊びます。大人が「赤」といったら赤い色カードを。「青」といったら青い色カードをひっくり返します。

 ここからやってみよう！

ゲーム要素がある遊びで、固有感覚や前庭覚、視覚などさまざまな感覚を複合的に使います。また、ひとりずつ遊ぶ方法でもOK（「あそびをアレンジ」参照）。自己タイム更新というスタイルのほうが、落ち着いて楽しめる子もいます。ゲームのルールを順守できたこともほめてあげましょう。

第1章 理論編
第2章 ボディイメージ
第3章 バランス感覚
第4章 触れて楽しむ
第5章 身のこなし
第6章 感覚を堪能する
第7章 ゲームで楽しむ

あそび 29 クラップキャッチ

あそびかた

ボールを上に投げる

1回手をたたく

落ちてくるボールをとる

「投げる」「たたく」「とる」の一連の運動を楽しみます。子どもはキャンディーボールを手にもち、まっすぐ上に投げます。ボールが落ちてくるまでに1回両手をたたき、落ちてきたボールをキャッチします。ボールは子どもがもちやすい大きさや重さのものを用意しましょう。

◆ 効果とねらい
- 運動に合わせて筋肉や関節を適切に動かす
- ボールを目で追って、ボールの動きに体を合わせる
- すばやく手をたたき、タイミングをとる

注意点
- ボールを上にまっすぐ投げるように伝える
- 手をたたくのがむずかしい場合は、大人が代わりにたたいてあげて、子どもはキャッチすることに集中させる

あそぶときの アドバイス

3つの運動をタイミングよく行なえるのがポイントです。ボールを投げあげる力、角度、高さ、リズムといくつかの要素を調整しながら行なうため、むずかしい場合は段階を踏みながらでもOK。まずはボールを投げて、とるところからはじめ、慣れてきたら1回手をたたいてみましょう。

ボールをキャッチするのがむずかしい場合は、タオルなどボールよりキャッチしやすいものを使ってもかまいません。見守る大人は、「投げて・たたいて・とる」と声をかけ、子どもを応援してあげましょう。

あそびを アレンジ

クラップバウンド

▶ クラップバウンド

ボールを投げあげるのではなく、床にボールをバウンドさせ、戻ってくるまでに1回手をたたいて、キャッチします。ボールの距離感など空間認知力を育むことができます。

▶ クラップクラップキャッチ

1回手をたたくことができるようになったら、ボールを投げあげる高さを調整して、落ちてくるまでに手をたたく回数を増やしてみましょう。

ここからやってみよう！

体の協調性とともに、子どもが遊びを企画する力も養えます。たとえば大人がスカーフなどを子どもに向かって投げ、手をたたいてからとるのも楽しい遊びです。ゆっくり落ちてくる風船を使うのもよいでしょう。子どもにどの道具を使うかを選択させてもよいですね。

第1章 理論編

第2章 ボディイメージ

第3章 バランス感覚

第4章 触れて楽しむ

第5章 身のこなし

第6章 感覚を堪能する

第7章 ゲームで楽しむ

ボディイメージちゃん

リッスンセンサーちゃん

コラボちゃん

あそび 30 マリオネット

あそびかた

上（万歳） 前（前ならえ） 横（両手を広げる） 下（気をつけ）

よこ

大人が「上・前・横・下」とテンポよく指示する

子どもは指示に合わせて腕を動かす

　大人と子どもが気をつけの姿勢で向き合い、大人が「上」「前」「横」「下」と声をかけます。子どもはその指示に応じて両腕を上、前、横、下と動かします。リズミカルに「上・前・横・下」を繰り返し、子どもはそのリズムに応じて4方向に腕を動かしてマリオネットのように行動します。

✦ 効果とねらい

- リズムに合わせて柔軟に腕を動かす
- 腕の筋肉や関節を調整しながら動かす
- 姿勢を保持しながら運動できるようにする

注意点

- 子どもに合わせて声をかけるテンポを調整する
- 大人も一緒にやって見本を示す

単純な動きですが、体を動かす方向と、腕の運動、リズムに合わせるといったマルチタスクが求められる運動です。腕がしっかり各方向に向かって伸びているか、姿勢を保ちながら運動ができているかを確認しましょう。できれば指先までまっすぐに伸ばすことも意識させるとよいでしょう。

リズムは8拍で、上2拍・前2拍・横2拍・下2拍となります。声をかけるテンポ（速さ）は子どもに合わせて調整してください。指示と一緒に手をたたくことで、2拍を強調させてもよいでしょう。

全身マリオネット

▶ 全身マリオネット

腕だけを動かすマリオネットに慣れてきたら、腕の動きに合わせて足踏みも加えてみましょう。足踏みをしながら腕を動かし、全身で運動を行ないます。

▶ 歩けマリオネット

足踏みではなく、歩きながらの運動に変更してみましょう。歩きながら腕を4方向に動かすので、最初はむずかしいかもしれません。その場合はテンポを調整してください。

足踏みや歩く動作を入れてむずかしくなりすぎるようなら、腕の動きを2方向だけにするなど調整してみましょう。

 ここからやってみよう！

足踏みや歩く動作を入れると複雑になるので、最初は腕を動かす方向を4方向でなく、上と下だけの2方向に。できるようになったら足踏みをつけ、それもできるようになったら腕だけ4方向でというように、ステップを踏みながら挑戦させましょう。うまくできれば子どもは達成感を得られます。

第1章 理論編
第2章 ボディイメージ
第3章 バランス感覚
第4章 触れて楽しむ
第5章 身のこなし
第6章 感覚を堪能する
第7章 ゲームで楽しむ

ボディイメージちゃん

ルックセンサーちゃん

リッスンセンサーちゃん

あそび31 ストップ＆ゴー！

あそびかた

大人がぴたっと動きを
止めるポーズをする

ストップ

子どもが気づいたら
「ストップ」という

子どももその
ときのポーズ
で止まる

子どもと遊んでいるときに、大人が予告なく、ぴたっと動きを止めて「ストップ」といい、子どもにそのときのポーズで止まってもらいます。「止まる」とはどういう状態かを子どもに見せて、「〇〇くんも止まって！」と誘います。

✦ 効果とねらい

- 「止まる」ということを、経験として積ませる
- 姿勢やバランスの保持を、楽しみながら体感させる
- 筋肉や関節を固定することで体感させる

注意点

- 子どもたちにストップ＆ゴーをはじめることを予告しておく
- 止まっても大丈夫な場所や時間を選ぶ
- 大人がいつ動きを止めるかは子どもに伝えない

第1章 理論編

第2章 ボディイメージ

第3章 バランス感覚

第4章 触れて楽しむ

第5章 身のこなし

第6章 感覚を堪能する

第7章 ゲームで楽しむ

あそぶときの **アドバイス**

　　　動きをぴたっと止めることで複雑な姿勢になるため、筋肉や関節に力を入れてバランスをとることにつながります。子どもはおどけたポーズや、複雑な姿勢で止まることを楽しみ、工夫を凝らしたポーズで止まってくれるでしょう。止まる時間をカウントしたり、動き出すときに「ゴー」などの合図を決めたりするとさらによいでしょう。止まっているときに体をくすぐったり、押してみたりするのも遊びのよいスパイスになります。

あそびを **アレンジ**

ストップ

動物ストップ＆ゴー

▶ 動物ストップ＆ゴー

　　クマ歩き、アヒル歩きなどさまざまな動物になって動きます。その動きの途中に、「ストップ」の合図で止まり、「ゴー」で進むことを組み入れて遊びます。

▶ ストップ・ターン・ゴー

　　子どもをジョギング程度のスピードで走らせます。走っている途中に、「ストップ」の合図で止まり、180度回転して反対方向に走ります。これを繰り返します。

 ここからやってみよう！

　　「動く」「止まる」といった単純な動きを、日常生活に取り入れる遊びです。子どもがさまざまな動きを、自分で意識して静止するのがポイントです。体を意識して止めるのがむずかしい子どもでも、遊びを通じて、短時間であれば無理なくできるのもよいですね。

体の動きがぎこちない

ルックセンサーちゃん

バランスセンサーちゃん

コラボちゃん

あそび 32 うさぎとかめ

あそびかた

大人と子どもがペアになって遊びます。大人がうつぶせに寝たら、子どもはその体をぴょんと跳び越えます（片足跳びでOK）。

また、大人が高這いになってトンネルをつくったら、子どもはそのトンネルをくぐります。

これを繰り返し、子どもは大人のポーズに合わせて跳んだり、くぐったりを瞬時に判断して動きます。ぴょんと跳ねるのがうさぎ、トンネルをくぐるのがかめのイメージです。

跳んで

大人がうつぶせになる。子どもはその上を跳び越える

くぐって

大人が四つ這いになる。子どもはそのトンネルをくぐる

✦ 効果とねらい
- 臨機応変に運動を切り替える力を育む
- 自分の体の部位を意識して動かす
- 体全体の協調運動を育む

注意点
- 子どもの様子に合わせて、「跳んで」「くぐって」とすばやく声をかける
- 子どもの切り替えのペースに合わせてテンポを考える

あそぶときの **アドバイス**

大人の体の幅を、子どもが跳び越えることができるか試してみましょう。跳び越えることができればおよそ3歳以上から遊べますが、大人は多少体を踏まれることも覚悟してやってみましょう。子どもは跳び越えたり、くぐったりする体の変化を楽しみます。

子どもの体の動きに合わせて、遊びのテンポを速めたり、ゆっくりしたりして調整してください。大人もしっかり動くことになるので、よい運動になります。子どもと一緒に楽しみながら体を動かして遊びましょう。

あそびを **アレンジ**

うさぎとかめ（足バージョン）

▶ うさぎとかめ（足バージョン）

大人は足を投げ出した状態で座ったら、子どもは足の上を跳び越えます。また、大人が膝を曲げてトンネルをつくったら、子どもは足の下をくぐります。

▶ 命令うさぎとかめ

子どもが「うさぎ」「かめ」と大人に命令します。それに合わせて大人はうつぶせになったり、四つ這いになったりします。子どもは、自分が出した命令にそって跳んだり、くぐったりを楽しみます。

 ここからやってみよう！

「跳ぶ」「くぐる」は子どもの好きな運動で、柔軟な身のこなしも育みます。「あそびをアレンジ」では、大人に命令できるおもしろさも加わります。テンポに変化をもたせ、体をすばやく切り替えたり、ゆっくり動いたりします。「10回やるよ」といって回数を決め、タイムをはかって遊ぶのもよいですね。

第1章 理論編
第2章 ボディイメージ
第3章 バランス感覚
第4章 触れて楽しむ
第5章 身のこなし
第6章 感覚を堪能する
第7章 ゲームで楽しむ

パワーセンサーちゃん

ルックセンサーちゃん

セーフマインドちゃん

あそび 33 ゴムひもクレーン遊び

あ そ び か た

6個の紙コップを用意し、3個ずつに分けてそれぞれ1～3の数字を記入したら、床に置きます。輪ゴムの4か所にゴムひもを結びつけ、「ゴムひもクレーン」をつくります。

2人でゴムひもを2本ずつもってお互いに引っ張ると、輪ゴムが広がるので紙コップをつかむことができます。遊び方は、2人でゴムひもクレーンを使って紙コップをつかみ、同じ数字の紙コップに重ねます。

使う道具
- 紙コップ6個
- ゴムひも
- 輪ゴム

輪ゴムの4か所にゴムひもをつけてクレーンをつくる

ゴムひもを引っ張って輪ゴムを広げ、紙コップをつかむ

同じ番号の紙コップに、つかんだ紙コップを重ねる

✦ 効果とねらい
- 力加減を調整しながら2人でタイミングを合わせる
- 目と手の協応動作※を向上させる
- 姿勢を保ちながら紙コップを移動し、眼球運動（視野移動）を促す

※体の各部分が連動して適切に動くこと

注意点
- まずは大人とペアで実践し、ゴムの伸縮の力加減を経験させる
- 床で座位の姿勢がうまくいかない場合は、机でチャレンジしてもOK

あそぶときのアドバイス

　紙コップは、身近にある軽くて使いやすい素材です。力加減の調整を練習するのに役立ちます。大人は、子どもの紙コップをつかんで移動する様子から、視知覚（P.29参照）の使い方を観察できます。眼球がしっかり動いて紙コップを見ているか観察してください。

　紙コップの大きさや、個数、ゴムひもの長さ・太さを変えることで遊び方の幅が広がります。操作がむずかしくて子どもがイライラしたりする場合は、大人がさりげなく手伝ってあげましょう。

あそびをアレンジ

お箸でクレーン

▶ お箸でクレーン

　ひとりでチャレンジできる遊びです。割り箸を1本ずつ両手にもち、紙コップを挟みます。紙コップを挟んだら、同じ番号の紙コップまで移動して重ねましょう。

▶ 紙コップピラミッド

　手で紙コップをピラミッド状に積み重ねましょう。1段目に5つ、2段目に4つというように、ひとつずつコップを少なくして積んでいきます。紙コップを置く位置を確認し、バランスよく積んでいくのがポイントです。

ここからやってみよう！

　ゴムを引っ張るときの力加減がむずかしい子どもには、いきなり遊びにチャレンジさせるのではなく、ゴムひもを引っ張って遊ばせ、力加減や調整する力を体感させましょう。紙コップにお気に入りのシールを張ってあげたりすると、子どものモチベーションもあがりますので、工夫してみてください。

ボディイメージちゃん

バランスセンサーちゃん

コラボちゃん

あそび 34 フープリレー

あそびかた

腕を下げると
フープを通し
やすいよ

子どもと大人が手を
つないで輪になる

体を動かしてフープを
リレーしていく

　子どもと大人が輪になって手をつなぎます。「よーいドン」の合図で、隣の人と手をつないだまま、フープをリレーのように渡していきます。自分の体をイメージし、手を離さずにフープを隣の人に渡す方法を考えながら体を動かします。

効果とねらい

● 自分のボディイメージを感じることができる

● 腕、足、体などを、意図的に協調して動かすことを学ぶ

● 人の動きを見て動かし方のヒントを得る

注意点

● フープを通すことに集中しすぎて、体を無理に動かさないようにする

● うまくいかなくてイライラしないように大人が適切に手助けする

第1章 理論編

第2章 ボディイメージ

第3章 バランス感覚

第4章 触れて楽しむ

第5章 身のこなし

第6章 感覚を堪能する

第7章 ゲームで楽しむ

あそぶときのアドバイス

体の動かし方が不器用な子に、自分の体をどのように動かしたらよいのかを教えやすい遊びです。フープのサイズは大きいほうが通しやすいので、子どもに合わせて調整しましょう。触覚過敏があり、手をつなぎたがらない子の場合は、手の間にハンカチなどを挟んでつないでもよいでしょう。グループでタイムを競ったり、身長差があるグループをあえてつくったり、人数を増やしたりするなど、子どもの特性や、その場の雰囲気などでアレンジが広がる遊びです。

あそびを アレンジ

チーム対抗フープリレー

▶ チーム対抗フープリレー

チームに分かれてスピードを競います。「よーいドン」の合図でフープリレーをスタートし、早く1周したチームが勝利します。

▶ ロープリレー

フープを輪っかの状態にしたロープに変えても楽しめます。ルールはフープリレーと同様です。ロープを体に通して、次の人に渡していきましょう。

フープよりロープのほうが形状が定まっていない分、むずかしいかもしれません。

 ここからやってみよう！

体をどう動かすとフープをうまく相手に渡せるかを考え、「動きを企画する力（運動企画）」を育みましょう。「運動企画」は、ボディイメージを手がかりに発達させていく能力といわれます。この遊びは、ゆっくり丁寧に、ボディイメージを確認しながら運動を企画できます。

距離がうまく保てない、よくぶつかる

ボディイメージちゃん

バランスセンサーちゃん

コラボちゃん

あそび 35 2人でフープくぐり

あそびかた

2人1組で遊びます。子どもどうしでも、大人とペアでもOK。ひとりがフープを立ててもちます。「せーの」の合図で、もうひとりがフープを往復でくぐります。くぐった子が今度はフープをもち、もっていた子がフープを往復でくぐります。これを繰り返して順番にフープくぐりを楽しみます。

くぐり方は基本的に自由ですが、「四つ這いで」「しゃがんで」などと姿勢を決めてもよいでしょう。

ひとりがフープを立てて、もつ

もうひとりがフープを往復でくぐる。往復でくぐったら交代する

せーの

✦ 効果とねらい

- 体をしなやかに使ってフープをくぐる
- 「くぐる」「戻る」と運動を切り替えながら体を使う
- 2人で交替して遊ぶ楽しさを体験する

注意点

- 大人は子どもがフープにぶつからないように見守る
- フープに子どもがぶつかるようならフープのサイズを大きくする

第1章 理論編

第2章 ボディイメージ

第3章 バランス感覚

第4章 触れて楽しむ

第5章 身のこなし

第6章 感覚を堪能する

第7章 ゲームで楽しむ

あそぶときの **アドバイス**

フープの大きさは子どもが無理なくくぐれるように、大きめのものがよいでしょう。慣れてきたら、フープのサイズを小さくして、体をより縮めてくぐることに挑戦させましょう。

また、最初はゆっくりしたスピードではじめましょう。あわてると首や体の一部をひっかける可能性もあります。子どもには、ゆっくりでよいので、まずはフープにぶつからないようにくぐることを意識させてください。

あそびを **アレンジ**

2人で2本のフープくぐり

▶ 2人で2本のフープくぐり

ひとりがフープを両手で2本もち、肩幅の幅で立てます。もうひとりがその2本のフープを往復でくぐりましょう。くぐり終わったら交代します。

▶ 2人でフープリレー

スタートとゴールの位置を決めます。スタート地点から、ひとりが1本もしくは2本のフープを立てます。もうひとりがそのフープをくぐり前に進んでいきます。遊びのポイントは、交代しながら前に進んでいくことです。

 ここからやってみよう！

くぐる動作は、上半身、下半身、左右を協調して体を動かします。フープくぐりは、楽しみながらその動きを要求できます。また、固有感覚により自分の体の大きさや外郭を認知しますが、うまく働かないと人やものによくぶつかってしまいます。遊びの中でその感覚を育んでください。

友だちとのトラブルの原因も
感覚統合で考える

接触が多い場面では、子どもどうしのケンカはたえません。周りの子どもは「急にたたいてきた」「何もしていないのに押した」などといってきます。本人に聞いても「どうしてそうなったのかわからない」といいます。いけないことは十分に理解できている子どもです。そのときは「もうやらない」と約束しますが、繰り返します。

ほかにも友だちとの関係づくりがうまくいかない子、気持ちの波が激しく不安定な子などと出会うと、本人の努力不足、家庭環境やしつけに課題があると捉えてしまうことがあります。

しかし、そんなときこそ感覚統合の視点から考えてみましょう。この場合は、「接触が多い場面で」というのがポイント。日ごろ、子どもが自分から触らないものがあったりしませんか。大人からのスキンシップをさりげなくよけたりしていませんか。触感覚の視点で見ると、皮膚感覚のセンサーの偏りが大きいという仮説が立ちます。つまり、接触が多い場面は"鬼門"になるということです。

大人から見るとわずかな接触でも、その子にとっては不快なストレスがたまり、防衛的に相手をたたいたり、押したりしてしまう行動に出ます。「急に」たたいたと見えますが、不快なストレスが徐々にたまり、最後の些細な刺激で相手を攻撃する行動に切り替わるというシステムです。これは、無意識に自分を守ろうとする反射なので、いくらいい聞かせ、約束しても調整がむずかしいのです。まずは、接触の多い場面を長い時間設定しない環境調整を考えてみるとよいかもしれません。小さな不快が徐々にたまっていくということを、大人が理解することが大切なのです。

トラブルが多い場面を考えて環境調整をしてみよう

☐並んでいる場面　　☐着替えのとき　　☐トイレに行くとき

☐自由遊びのとき（▶どんなとき？）

　　▶おもちゃと場所を共有している平行遊びのとき

　　▶ままごとなどのごっこ遊びのとき　　▶室内遊びが長くなったとき

☐片付けのとき　　☐活動の切り替えのとき　　☐その他（　　　　　　　）

第 6 章

あそび編

感覚を堪能する

第6章では、おもに感覚欲求のアンバランスにアプローチする

遊びを紹介します。

こんな子におすすめ！

落ち着きがない、じっとしていられない

 ルックセンサーちゃん　 バランスセンサーちゃん　 セーフマインドちゃん

あそび 36 バスタオルブランコ

あそびかた

大人はバスタオルをもちあげて左右にゆする

1・2・3……

子どもはバスタオルの上に寝転ぶ

　　バスタオルを広げて子どもをその上に寝かせて、タオルの端を大人がしっかりにぎりもちあげ、左右にゆすります。正面に立っている大人は、子どもと視線を合わせて、10カウントしたり、歌ったりしてはじめと終わりが子どもにわかるようにするとよいでしょう。

✦ **効果とねらい**
- バスタオルの上でゆれることによる刺激を楽しむ
- 体をじっと止めて、動きを抑制する力を育む
- 心地よい感覚で安心感を育む

注意点
- バスタオルの大きさは子どもに合わせて選ぶ
- 子どもが怖がる場合は床から離さずにゆらす
- ゆらすときは子どもと視線が合うことを意識する

子どもが不安を感じて遊びに応じられないなら、最初は楽しそうに遊んでいる様子を見てもらうだけでもよいでしょう。楽しそうに遊んでいる様子から安心感が生まれ、「自分もやってみたい」という気持ちになるのを待ちましょう。

子どもが座った姿勢からゆらしてみたり、大人のひざにのせてゆらしたりするところからはじめてもよいでしょう。

Column

遊びを見ることの大切さ

　不安が強い子は遊びに応じられないことも多いですね。なんとか体験させたいと、私たちはいろいろな工夫をしてアプローチしますが、何もしなくても遊びを見ているだけでよいのです。友だちが楽しそうに遊ぶ場面を見ることで、自分もその遊びを体験していると脳が錯覚するからです。この働きをミラーニューロン効果といいます。

　ミラーニューロンと呼ばれる特定の脳の神経細胞が、他者の行動を見ることで活発化し、見ている人が同様の行動を模倣しやすくなる現象を指します。ミラーニューロンは、他者の行動を理解し、模倣する能力に関与していると考えられています。

　ですから、大人も子どもも、安心で楽しく遊んでいる場を共有することこそが大切です。そして、自分から「やってみようかな」という気持ちになるのを焦らずに待ちましょう。

 ここからやってみよう！

ゆらゆらゆれる感覚はリラックスでき、脳の覚醒を下げて、

子どもに安心感をもたらします。子どもの好むリズムを感じ、

把握しましょう。目が合えばよいですが、合わなくても大丈夫

です。子どもが心地よい表情をしているかを確認しましょう。

第1章 理論編

第2章 ボディイメージ

第3章 バランス感覚

第4章 触れて楽しむ

第5章 身のこなし

第6章 感覚を堪能する

第7章 ゲームで楽しむ

ボディイメージちゃん

バランスセンサーちゃん

リッスンセンサーちゃん

あそび 37 太鼓でリトミック

あそびかた

アヒル歩きなど、いろいろなポーズで楽しむ

リズムに合わせて体を動かす

リズムや音に変化をつける

　太鼓（音が出るものなら何でも OK。段ボール箱、ごみバケツにガムテープで鼓面を張った手作り太鼓など）のリズムに合わせて体を動かしましょう。
①リズムの変化（歩く・走る・止まる・だんだん早く・だんだんゆっくり・スキップなど）
②音の強弱の変化（抜き足差し足忍び足・ゴリラの歩き・ゾウの歩きなど）

✦ 効果とねらい
- リズムや音の変化を感じて、子どもそれぞれが表現を楽しむ
- ポーズをとり体の動きを調整する力を育む
- 姿勢の維持や体の動きのぎこちなさの改善につながる

注意点
- 子どもどうしでぶつからないように間隔をあける
- 転んでケガをしないように周りの安全に注意する
- 自由な動きがむずかしい子は動き方を決めておく

あそぶときの **アドバイス**

太鼓ではなく、リズムがたたけるものがあれば十分です。太鼓があれば、子どもは手のひらから鼓面の振動を感じたり、たたいて響きを感じたりするのもよいでしょう。

忍者になっていろいろな歩き方をして、音が止まったら「敵だ!」のかけ声に合わせて、見つからないように変身（動物・石・壁・木）するなど、いろいろなアレンジも楽しめます。子どもたちはリズムが速くなると走ったり、遅くなるとスキップをしたりして、さまざまな工夫をして体を動かすでしょう。

あそびを **アレンジ**

馬（跳人）になってみよう

▶ **馬（跳人）になってみよう**

「ドーンコ・ドンドン」の太鼓のリズムと、青森県のねぶた祭りのような「ラッセラー」のかけ声に合わせて、片足ケンケンを2回ずつ跳びましょう。

▶ **障害物を跳び越えてみよう**

牛乳パックなどでつくった障害物（草などに見立てたもの）を床に置きます。太鼓の音（ドコドコドコドコ）で走り、跳び越えます（ドドーン）。慣れてきたら2人組をつくり、2人で息を合わせて跳ぶのもよいでしょう。

 ここからやってみよう!

リズムに合わせて、体を左右にゆすりながらぴょんぴょん

と跳ぶのはとても楽しいです。固有感覚や前庭覚への刺激と

ともに、上半身・下半身・左右の体を協調して運動します。

みんなで動きやかけ声を合わせる心地よさを味わえますが、

脳の覚醒レベルがあがりやすい遊びなので、休憩を入れな

がら楽しみましょう。

ボディイメージちゃん

バランスセンサーちゃん

コラボちゃん

あそび 38 ひっぱりゴーカート

あそびかた

しっかり
ついてきてね

子どもは足を前に投げ出し大人と向き合う

大人が子どもの足を引っ張り、子どもを動かす

　子どもは床に座って足を前に投げ出した姿勢をとり、手で太ももの後ろあたりをつかみます。大人は子どもの足首をもって、引っ張って動かしましょう。足が斜めになって引っ張られても、子どもは姿勢を保ちながらついていきます。

✦ 効果とねらい
- 姿勢の保持や動きのぎこちなさの改善につながる
- 体の軸を感じながらバランス感覚を養う
- 適切な筋肉の張り方を調整する

注意点
- 姿勢が倒れてしまう子はタオルそり（P.72 参照）に変更する
- 床に段差がないかを事前にチェックをする
- 急に力をこめて引っ張らず、声をかけながら様子を見て行なう

あそぶときの **アドバイス**

子どもが姿勢を保つ遊びで、固有感覚や前庭覚のつまずきにも効果がある遊びです。大人に引っ張られることにより子どもはスピード感を楽しむことができ、感覚欲求が満たされます。大人は少し大変ですが、息を切らしながらがんばる様子も見てもらい、子どもに「がんばって！」と応援してもらいましょう。なお、姿勢が保てない場合は、タオルそりからはじめてもかまいません。

Column

感覚欲求と情緒の安定

体の内側に入る固有感覚・前庭覚を満たすと、落ち着きがない多動な子どもたちは情緒が安定し、困った行動が起こりにくくなります。感覚欲求が強い子には、感覚欲求を満たす遊びを用意することが大切です。筋肉や関節にしっかりと感覚刺激を入れ、ゆれや回転を感じることを大切にしていきましょう。

しかし、ずっと動いているわけにはいきません。大切なのは、子どもが座って遊べる「好きな遊びを見つけ」「集中させる」ということです。

この感覚欲求も満たすことと、座って集中して遊ぶことを、交互に組み合わせる、緩急をつけた遊びの調整ができるとよいでしょう。

 ここからやってみよう！

じゃんけんをして子どもが勝ったら20秒引っ張り、体が

倒れたら10秒休憩などの要素を取り入れても楽しいでしょ

う。引っ張られる力やスピードに応じて、筋肉や関節を適

切に動かす体験・学習ができます。切り替えの悪い子には、

次の場所までの移動にこの遊びをすることで、ご褒美となり、

切り替えがよくなることもあります。

第1章 理論編
第2章 ボディイメージ
第3章 バランス感覚
第4章 触れて楽しむ
第5章 身のこなし
第6章 感覚を堪能する
第7章 ゲームで楽しむ

パワーセンサーちゃん

ボディイメージちゃん

バランスセンサーちゃん

あそび 39 リンゴの皮むき

あそびかた

子どもはお尻を床につけない姿勢でしゃがみ、ひざのあたりを両手で抱えてリンゴのように丸まります。

大人はしゃがんで丸まっている子どもの背中を「リンゴの皮むき」といいながら、両手で背中を強めに押しながら、こするように上から下に手を動かしましょう。子どもはその力に負けないようにしゃがんで体を丸めます。大人の力加減は、子どもがなんとかその姿勢を保持して、転ばない程度にします。

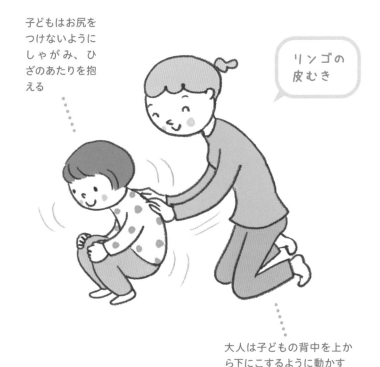

子どもはお尻をつけないようにしゃがみ、ひざのあたりを抱える

リンゴの皮むき

大人は子どもの背中を上から下にこするように動かす

✦ 効果とねらい

● 固有感覚に感覚刺激がしっかりと入る
● 体の軸を感じながらバランス感覚を養うことができる
● 適度な筋肉の張り方、関節の固定の仕方が学べる

注意点

● 大人は力加減を調整して、子どもが勢いよく転ばないようにする
● 子どもがお尻をついても痛くない場所を選ぶ

しゃがむ姿勢を保持することがむずかしい子どももいますので、その際はお尻の下に小さな箱などを置いて、座って遊ぶのもよいでしょう。大人は、子どもが少しずつしゃがむ姿勢を保てるように工夫してあげましょう。失敗を嫌がる子どもの場合は、大人がお尻をつかないギリギリの力加減で、子どもが姿勢を保持できるように調整してあげてください。大切なのは、子どもが成功経験を積み重ねられるようにフォローすることです。

あそびを アレンジ

リンゴの木

▶ リンゴの木

子どもは両手を横に広げ、足を肩幅に広げた状態で立ちます。そこに玉入れの玉をリンゴに見立て、子どもの肩や手のひら、頭などにのせます。リンゴが落ちないようにがんばりましょう。

▶ リンゴを運ぼう

「あそびをアレンジ」の「リンゴの木」からのつづきです。子どもは肩や頭にのせられた玉入れの玉を落とさないように移動します。段ボールなどの箱まで到着したら、手を使わずに、肩や頭から直接入れましょう。

 ここからやってみよう！

体にしっかりと力を入れることは、日常生活ではなかなか体験することができません。そうした体験をあえて遊びの中に取り入れてみました。感覚欲求が満たされることにより、情緒が安定します。自分の体を丸めて力を入れ、姿勢を保つというこの遊びはむずかしいけれど、とても楽しいものです。

姿勢が保持できない

ボディイメージちゃん

バランスセンサーちゃん

セーフマインドちゃん

あそび 40 エレベーター体操

あそびかた

上にまいります

下にまいります

子どもは頭と背中を壁から離さずにまっすぐ下にしゃがむ

大人の指示に応じてしゃがんだり立ったりする

　子どもは頭と背中を壁につけた状態で立ち、そのままゆっくりとしゃがみます。その際に頭と背中を壁から離さずにまっすぐ下にしゃがむことを意識するとよいでしょう。大人が「下にまいります」「上にまいります」と声をかけ、子どもはエレベーターのようにあがったり下がったりします。大人が「ストップ」と声をかけたら、空気椅子のような状態でしばらく止まります。

✦ 効果とねらい

● 適度に筋肉を張り、関節に力を入れながら動く
● バランスをとり、姿勢を保持する力を育む
● 大人の指示に応じる力を育む

注意点

● 子どもの様子を見て、大人はテンポを調整する
● 子どもが上手にできなければ大人が見本を見せる

第 1 章 理論編

第 2 章 ボディイメージ

第 3 章 バランス感覚

第 4 章 触れて楽しむ

第 5 章 身のこなし

第 6 章 感覚を堪能する

第 7 章 ゲームで楽しむ

「エレベーター体操」はバランスをとって、姿勢を保持する力を育む遊びですが、空気椅子は筋肉が適切に張れない子どもにはむずかしい運動なので、無理にとり入れなくてもかまいません。子どもが姿勢を上下するのを楽しめるように、大人はテンポを大切にして指示を出しましょう。子どもが安心してしゃがむ姿勢をとれるように、適切な高さの椅子や台を用意し、しゃがんだときに座って休めるようにしてもよいですね。

Column

筋緊張とは

筋緊張とは、筋肉の張りの程度のことです。私たちは運動の状態に応じて、適切に筋肉を張ってその動きをこなそうとします。張り過ぎると力が過剰になり、張らなすぎても、その動きを維持できず運動は成立しません。これは筋力とは違い、運動に合わせて「適切」な張りを脳が判断しているということになります。

運動に応じた筋緊張を保てないと、「筋緊張が低い（筋肉の元もとの張りの状態が弱い）」状態になります。これは、固有感覚や前庭覚が密接に関係しています。

筋緊張が低いと、重力に負けないで持続的に体をまっすぐに保つことがむずかしく、姿勢保持に努力が必要です。

筋緊張が低い子どもは、姿勢が悪かったり、だらしなく見えたりすることがあります。また、疲れやすい、運動が長続きしない、手先が不器用、力を必要とする活動を嫌がるといった傾向が強くなります。これらのタイプの子どもには、持続的に筋肉を使う遊びで、固有感覚・前庭覚の刺激が豊富な活動がよいでしょう。

 ここからやってみよう！

1対1で遊ぶのもよいですが、子どもたちに壁へ並んでもらい、大人の一斉指示で遊ぶのも楽しいですね。大人の「ストップ」の指示で、5〜10程度カウントをして、しっかりと子どもたちが姿勢を保てることを目指して楽しみましょう。

ボディイメージちゃん バランスセンサーちゃん リッスンセンサーちゃん

あそび 41 だるまさんが跳んだ

あ そ び か た

だるまさんが
跳んだ

オニは「だるまさんが跳んだ」といって振り返る

オニが見ている間、子どもはその場でジャンプをする

　オニをひとり決めたら後ろ向きに立ち、子どもは 10 mほど離れたスタートラインに一列に並び、オニに向かって歩きます。オニは「だるまさんが跳んだ」といって、振り返ります。子どもはオニの指示に応じて、オニが見ている間はずっとジャンプし続けます。子どもはオニとスタートラインを行ったり来たりしながら、遊びを繰り返しましょう。

✦ 効果とねらい
- 子どもはルールの理解と順守を学ぶ
- 歩く動きと跳ぶ動きの切り替えと瞬発力や柔軟性の力を育む
- 運動をコントロールする働きを養う

注意点
- 遊んでいる中で脳の覚醒があがるので歩くルールを守らせる
- 子どもどうしがぶつからないように距離をとる

オニとスタートラインを往復することや歩くことを、子どもたちにしっかり約束をして、競争ではないことを伝えてからはじめましょう。跳び方は自由ですが、その場で跳ぶことも約束に入れておきます。また、遊びに熱中しすぎて、子どもどうしがぶつからないように適切な距離をとることも大切です。単純な遊びですが、子どもは存分に体を動かすことができるので、固有感覚・前庭覚を堪能することができます。

だるまさんが回った

▶ だるまさんが回った

オニのセリフを「だるまさんが回った」に変更します。オニが振り返っている間、子どもはその場でクルクル回ります。周りとぶつからないよう、大人が見守りましょう。回転しすぎて目を回さないよう注意が必要です。

▶ だるまさんが○○した

だるまさんが跳んだ・回った・片足立ちした・足踏みしたなど、○○にさまざまな動作を入れて変化をさせましょう。

 ここからやってみよう！

「だるまさんが転んだ」という遊びは、いろいろなアレンジができる遊びです。跳んだり回ったりする運動は制限されがちですが、しっかり子どもたちに運動を楽しんでもらうことができます。オニの「だるまさんが〜」というスピードをゆっくりにしたら、歩き方もゆっくりとするなど、行動の調整も入れて楽しみましょう。

第1章 理論編
第2章 ボディイメージ
第3章 バランス感覚
第4章 触れて楽しむ
第5章 身のこなし
第6章 感覚を堪能する
第7章 ゲームで楽しむ

ものを投げる、体の動きがぎこちない

 パワーセンサーちゃん　 ルックセンサーちゃん　 コラボちゃん

あそび 42　的当てゲーム

あ そ び か た

使う道具
- フープ　● ボール
- 養生テープ（接着面を上にしてフープの中に3方向貼りつける）

的を見て体を向ける

投げるよ！

引っ張るよ！

ボールを握って的に向かって投げる

的にくっついたボールを握って引っ張る

　フープに養生テープを巻きつけて、的当てをつくります。子どもがボールを握り、的に向かって投げる的当て遊びですが、的に当たってくっついているボールを「握ってとる」動作も楽しみます。

✦ 効果とねらい
- 目と手の協応、固有感覚、前庭覚などの発達を促す
- 感覚欲求（投げたい・走りたい）が適切な遊びに変換できる
- 体の動きのぎこちなさの改善、着替えの動作につながる

注意点
- 子どもどうしがぶつからないよう距離を確保する
- 的やボールの大きさは子どもの能力に応じて投げやすいものにする

室内でおもちゃを投げたり、走り回ったりする子どもは、感覚欲求が体の内側から湧き出ています。投げたり体を動かしたりする遊びを用意することで、感覚を満たしながら楽しむことができます。また、複数の動作を同時に行なうことで、生活動作に必要な体の動きの発達も促すことができます。ぶつからないように、高い位置、壁や床にもフープでつくった的の数を増やしておくと、子どもが分散し、安全が確保しやすくなります。

▶ マジックテープで的当てゲーム

フープに巻きつける養生テープをマジックテープにすることで、子どもは引っ張る力が必要になります。力を入れてボールを取ることが求められるので、ボールを取るときの肩や腕、握る力が変化します。

▶ いろいろボール的当て

ボールの大きさ、重さの種類を増やします。ボールを投げるときのコントロールや力の入れ具合が変化するので、難易度が変わります。

マジックテープで的当てゲーム

 ここからやってみよう！

感覚欲求が強い子どもは、走り回る、ものを投げるなど不適切な行動としてその欲求が表現されます。この欲求を適切に満たすためには、的当てのように投げてもOKとして、感覚を入れる遊びを用意することが必要です。的当てゲーム性もあり、子どものチャレンジ精神をくすぐります。高さや距離を工夫すれば2歳頃から遊べます。

第1章 理論編
第2章 ボディイメージ
第3章 バランス感覚
第4章 触れて楽しむ
第5章 身のこなし
第6章 感覚を堪能する
第7章 ゲームで楽しむ

あそび 43　のりもの GO

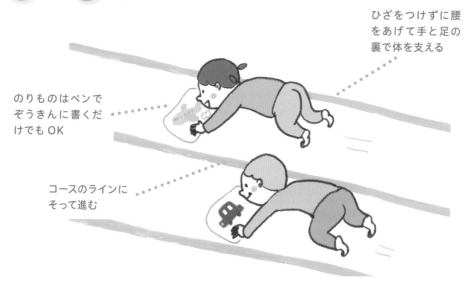

ひざをつけずに腰をあげて手と足の裏で体を支える

のりものはペンでぞうきんに書くだけでも OK

コースのラインにそって進む

　スタートラインにのりものの絵を描いたり、貼りつけたりしたぞうきんを置き、大人の合図で子どもはぞうきんがけをします。コースに養生テープやビニールテープでラインを引くと、子どもどうしがぶつかることを防げます。ゴールラインを決めておくことで、子どもたちは競い合うように楽しむことができるでしょう。

✦ 効果とねらい
- 腕の力で体を支えて進むので固有感覚が刺激される
- 腹筋や背筋を同時に使い体の軸をつくる
- しっかりと前を見る力を養う

注意点
- ぶつかって危ないものはとり除いておく
- 子どもによってぞうきんがけの距離を調整する

子どもは夢中になり周囲が見えなくなることもあるので、友達にぶつかったり、前につんのめって転んだりすることを配慮して、適切な距離を調整しましょう。

しっかりと固有感覚と前庭覚に感覚刺激が入るので、興奮しやすい子どもは休憩をとりながら行ないましょう。たとえば「駅で止まる」という設定をつくり、止まる場所をルールで決めておいてもよいでしょう。子どもはゲームを楽しみながら休憩もとることができるのでおすすめです。

のりものGOリレー

▶ のりもの GO リレー

子どもが2チームに分かれ、リレー形式で遊びます。コースを往復して、次の子どもにバトンタッチしたら、次の子どもがスタートします。

▶ じゃんけんのりもの GO

子どもが2人1組でじゃんけんをします。負けたほうがラインに沿って往復して戻ってきます。じゃんけんを繰り返しながら遊びます。

 ここからやってみよう！

ぞうきんをのりものに見立てることで、楽しく運動ができます。見立てるものはのりもの以外でも大丈夫。子どもが好きな動物などにしてもよいでしょう。ぞうきんがけの運動は固有感覚と前庭覚にしっかり感覚刺激が入ります。子どもには頭をしっかりあげて、前方を見ながら進むという基本姿勢を確認させましょう。

第1章 理論編
第2章 ボディイメージ
第3章 バランス感覚
第4章 触れて楽しむ
第5章 身のこなし
第6章 感覚を堪能する
第7章 ゲームで楽しむ

落ち着きがない、姿勢が保持できない

ボディイメージちゃん

バランスセンサーちゃん

コラボちゃん

_{あそび}44 手つなぎグーパージャンプ

あそびかた

子ども2人が
向き合って手を
つなぐ

グー・パー

大人が「スター
ト」「ストップ」
の合図を出す

「グー」は足を閉じてジャンプ、「パー」は足を開いてジャンプをします。「グー・パー」
と足を閉じては開いてジャンプを繰り返します。このジャンプを子ども2人で手を
つないで、「グー・パー」といいながら跳びましょう。大人がスタートといったら跳
び、「ストップ」といったら止まります。

✦ 効果とねらい

● 大人の声に反応して行動を統制する
● 体の軸を感じて跳ぶ力を養う
● 固有感覚と前庭覚の感覚刺激を促す

注意点

● 脳の感覚が刺激されると覚醒レベルもあがるので、適宜休憩をとる
● 子どもにまっすぐ上に跳ぶように伝える

この遊びは、友だちと手をつないでジャンプをすると、楽しさが倍増します。子どもは固有感覚と前庭覚に感覚刺激が入り、体の中心（軸）を感じながら体幹を育むことができます。

まっすぐ上に跳ぶことを意識するよう伝えて、友だちを押したり、バランスが崩れたりすることを防ぎましょう。跳ぶ位置の目印として足もとに円を描くなどして、跳ぶ位置を視覚化してもよいですね。

ひとりでグーパージャンプ

▶ ひとりでグーパージャンプ

子どもは「グー」で両手のひらを上で合わせ、「パー」で横に開きます。このジャンプを繰り返します。

▶ スピードグーパージャンプ

大人が10～30秒の時間をはかります。子どもはひとり、もしくは2人1組になります。グーパージャンプをし、何回ジャンプしたか数えます。その回数を競いましょう。

 ここからやってみよう！

繰り返し跳ぶことで体幹を鍛えることができ、体の安定性が高まって姿勢がよくなります。また、ジャンプをすると着地の際に転ばないよう体の平衡感覚を保たなければならないので、自然とバランス感覚も向上していきます。友だちと息を合わせて跳ぶことで相手に合わせる気持ちも育めるのもよいですね。

第1章 理論編

第2章 ボディイメージ

第3章 バランス感覚

第4章 触れて楽しむ

第5章 身のこなし

第6章 感覚を堪能する

第7章 ゲームで楽しむ

column　人との距離感を知る

　人との距離感について、子どもに理解してもらうのはなかなかむずかしいことです。そのため、子どもには、「具体的な距離」を提案してみましょう。身近なものは、ずばり「前にならえ」の距離です。保育の中でも遊びのように「前にならえ」で整列させてみましょう。①前の子の頭を見る ②手を伸ばす ③ぶつかるときは後ろに下がると教えます。これがうまくなると人と適切な距離を保って並んだり歩いたりすることに役立ちます。また、子どもどうしの接触によるトラブルを未然に防ぐのにも役立ちます。

　このように、対人関係や集団行動、社会的場面で適切に振る舞うための技能（スキル）のことを、「ソーシャルスキル」といいます。多くの子どもは日常的な人とのかかわりを通して自然に学んでいきますが、「自然に学ぶ」ことがうまくできない子どももいます。感覚的な課題をもつ特性があると友だち関係は築きにくく、人とのかかわりが少なくなって、ソーシャルスキルを体験的に獲得しにくくなるということもあります。そのため、保育の中でスキルを身につけることを意識的に行なう必要があるのです。

　ソーシャルスキルを教えるトレーニングもあります。具体的には次のプロセスで行ないます。①教示 ②モデリング ③リハーサル ④フィードバックというプロセスです。

　①そのスキルの必要性や身についたときの効果を絵カードや言葉などで説明し、②振る舞い（スキル）を手本として見せ、③先生や友だちを相手に実践し、④行動や反応を振り返り、それが適切であればほめ、不適切であれば修正します。①〜④までのプロセスを意識して、具体的に丁寧に伝えてみてください。

子どもに伝えたいソーシャルスキルは？

□人との物理的距離（距離感）のとり方
□声の大きさ　▶声の大きさのスケールを提示してみる
□おもちゃの借り方　▶友だちに近づく・「貸して」という・手は体につけておく・返事を待つ
□イライラしたときの対処　▶落ち着く場所に行く・好きなおもちゃで気分転換する　など
□その他（　　　　　　　　　　　　　　　　　　　　　）

第7章

あそび編

ゲームで楽しむ

第7章では、おもに感覚統合をゲームで楽しむ

遊びを紹介します。

落ち着きがない、じっとしていられない

パワーセンサーちゃん

セーフマインドちゃん

コラボちゃん

あそび 45 新聞列車

あ そ び か た

　新聞紙に子どもが入れる大きさの２つの穴を空け、スタートラインに横長に置きます。子どもはその穴に入り、２人で腰の高さで新聞紙をもって横ならびになります。

　「スタート」の合図で新聞紙を破らないように進み、コーンを回ってスタート位置まで戻りましょう。

イチ、ニッ！
イチ、ニッ！

息を合わせて歩いたり、走ったりするなどしてコーンを一周する

２人が横ならびで新聞紙の穴に入る

✦ 効果とねらい

● **相手に合わせて体を動かす**
● **力加減を調整**しながら新聞紙を扱って移動する

注意点

● 新聞紙が破けたら重ねたり、フープに変更したりする
● 相手の**ペースも考えて動く**ように子どもに伝える

第1章 理論編
第2章 ボディイメージ
第3章 バランス感覚
第4章 触れて楽しむ
第5章 身のこなし
第6章 感覚を堪能する
第7章 ゲームで楽しむ

新聞紙だと破れやすい場合があります。そのため、新聞紙を重ねたり、フープをくっつけたりするなどしてもかまいません。子どもたちは、やわらかい新聞紙をもちながら、歩いたり、走ったりして運動を楽しみます。

子どもにとっては、「力加減を調整する」「相手のペースを意識して動く」といった2つ以上のタスクをこなすことになるため、むずかしい運動になります。しかし、ゲーム性をもたせることで、楽しみながらチャレンジすることができるでしょう。

あそびを アレンジ

たてなが
縦長新聞列車

▶ 縦長新聞列車

横ならびだった列車を、縦ならびにします。後ろの子は前が見えにくくなるため、前の子とペースを合わせて進むことになります。お互いに相手のペースを考えながら進むことがより大切になります。

▶ 新聞列車リレー

チーム分けをして、新聞列車でリレーをします。チームでタイムを競うのも、子どものモチベーション・アップにつながります。

 ここからやってみよう！

列車ごっこはのりもの好きな子に人気の遊びです。扱いにくい新聞という素材を使いながら、力加減や相手との息の合わせ方などを学びます。楽しんで課題に取り組みながら、自然とクリアできるようになると思いますが、むずかしい場合は布やフープなどの扱いやすい素材に変更してOKです。

見る力が弱い、まねることが苦手

ボディイメージちゃん

ルックセンサーちゃん

リッスンセンサーちゃん

あそび 46 まん丸リレー

あそびかた

みんなで円をつくる

リーダー

リーダーがやる動作を順にまねて、リレーしていく

子どもたちで円をつくり、リーダーをひとり決めます。まず、大人が拍手・ジャンプ・回る・ばんざいをするなど、何かしらの動作をします。それを見た隣の子は同じ動作をします。次々にその動作をまねてリーダーまで戻ってきたらおしまい。2つ以上の動きを組み合わせるなどして楽しみます。

✦ 効果とねらい
- 自分の見たことと、体の動きを一致させる
- 体の動きを調整して動作を行なう

注意点
- 順番を待って行なうことを意識させる
- 大きな動きをする際はぶつからないように気をつける

あそぶときのアドバイス

最初は大人がリーダーでもかまいません。また、大人がリーダーとなって動作を単純なものにすれば2歳頃からでも遊べます。年齢が上のクラスなら子どもたちがリーダーを交代しながらやって楽しみましょう。自分で動作を決められない子がいる場合は、事前に絵カードなどのメニュー表を用意し、子どもに動作を選択させる方法でもOK。まねすることが得意でない子は、最後のほうの順番にしてあげましょう。ほかの子どもの動きを確認できるのでまねしやすくなります。

あそびをアレンジ

伝言リレー

▶ 伝言リレー

子どもたちで円をつくり、簡単な単語や言葉を耳うちしながらリレーをします。聞いた単語を覚えて次の人に伝言していきます。

▶ まん丸まねっこ

リーダーは円の真ん中で動作を行ないます。ほかの子たちは、その動作をすぐにまねます。リーダーは動作を適宜変えていき、繰り返しまねすることを楽しみます。

 ## ここからやってみよう！

まねをするというのは、学習の基本。運動も見て、まねて覚えることが大切です。しかし、この「動作模倣」は、自分の体の部分がよくわかっていて、見なくてもその部位を自由に動かせる力が必要です。うまくいかない場合は大人が一部手助けをしたりするなどしましょう。

ルックセンサーちゃん

バランスセンサーちゃん

セーフマインドちゃん

あそび 47 トン・じゃんけん

あそびかた

2チームに分かれて、チームごとに縦一列にならびます。それぞれの陣地に分かれたら、くねくねと曲がったラインを引きます。スタートの合図でそのラインをひとりずつ歩いて渡ります。

相手に出会ったら「トン・じゃんけんぽん」といってじゃんけんをしましょう。勝てばそのまま進み、負けたら次のメンバーと交代（自分のチームの人が負けたら次の人がスタート）。早く相手の陣地まで進んだチームが勝ちとなります。

トン・じゃんけんぽん！

ラインの上を必ず歩いて進んでいく

それぞれの陣地に、子どもが一列に並ぶ

出会ったらじゃんけん。勝ったら先に進み、負けたら次のメンバーに交代する

✦ 効果とねらい
- ラインを意識することで、**バランスをとりながら歩ける**ようになる
- 相手とタイミングを合わせて、「トン・じゃんけん」をする
- チームで協力して楽しむ

注意点
- 勢いがついてぶつからないように歩く
- 負けて戻るときも次の人とぶつからないように注意する

ラインの上を歩くことで、子どもはバランスよく体を調整していきます。ラインを意識させることで、走って行なう危険が避けられます。また、覚醒レベルがあがって興奮することも防げます。

相手と出会って「トン・じゃんけん」をするタイミングの調整がうまくいかない場合は、大人が「トン・じゃんけん ぽん」といって、じゃんけんのタイミングを合図してあげましょう。慣れてきたら距離を長くしたり、ラインをくねくねさせたりして、子どもの体の調整力を育んでください。

トントンじゃんけん

▶ トントンじゃんけん

「トン・じゃんけん」と同じように2チームに分かれてラインを引きます。じゃんけんの仕方をアレンジしてみましょう。最初のトンは自分で拍手。次のトンは相手と両手を合わせます。このトントンをもう一度繰り返してからじゃけんをしましょう。

▶ いろいろトンじゃんけん

ラインに「ケンパ跳び」や「一本橋」などを取り入れて、コースに変化をもたせましょう。ゲーム性があがって盛りあがります。

ここからやってみよう！

「歩く」というルールを取り入れることで、安全に体の調整力を向上させることをねらって構成しています。子どもどうしの接触も出てくるので、安全を確保して大人がしっかりと見守ってください。室内でも室外でもできる遊びなので、コース取りを工夫するなどして楽しんでください。

ボディイメージが弱い

パワーセンサーちゃん　ボディイメージちゃん　セーフマインドちゃん

あそび 48 ブラインドエスコート

あ そ び か た

2人1組になってひとりがアイマスクをかけます。もうひとりはアイマスクをつけた子と手をつないでエスコートしながら歩きましょう。あらかじめ歩くコースを決め、ゴール地点も決めておきます。

アイマスクをかけている子が怖くないように声をかけたり、歩くスピードを調整したり、優しく手を引いたりするなど、子どもどうしで工夫しながらチャレンジしてみましょう。

2人で手をつなぎ、ひとりがアイマスクをつける

まっすぐだよ

もう少しで曲がるよ

エスコートをして歩く

✦ 効果とねらい
- 相手の体の大きさなど、ボディイメージを考えて行動する
- 相手に優しく声をかけたり、誘導したりする

注意点
- 大人がそばについて見守る
- ぶつかりそうなときは大人が手助けする
- アイマスクをつけた子のスピードに合わせて、転ばないように注意する

アイマスクをして行なう遊びなので、最初に大人がエスコートの見本を示してあげましょう。子どもが遊びを行なうときは、必ず大人がそばについて見守ってください。

遊びを終えた後に、アイマスクをしてエスコートされた子に感想を聞いてみましょう。特にエスコートした子のよいところをいってもらうとよいでしょう。その後にエスコートした子にも感想を聞いてみてください。「次はもっとこうしたい」など、意欲や工夫したい点を確認できると次につながります。

Column

ボディイメージは広がる

私たちは、ものをもつとそのものまで自分のボディイメージが広がって認識されるといわれます。たとえばテニスのラケットをもつとラケットの先までイメージが広がり、車を運転すると車体幅などの車両感覚をもつことができます。それによって、ラケットや車を操作するときラケットの先を見なくてもボールをラケット面に当てることができ、車をぶつけずに運転することができるのです。

人をエスコート（誘導）するときも同じことが起こります。自身のボディイメージとともに、エスコートする相手のボディイメージを感じて遊ぶことによって、子どもは固有感覚を育んだり、相手のことを考え、相手に合わせたりすることを体験できます。

また、感想をいってもらうことで、遊びを振り返り、さらにうまく行なう方法を考えることにもつながります。大人は適切に子どものやる気や意欲を承認し、ヒントを示してあげてください。自己中心性の高い子どもの対人スキル（ソーシャルスキル）の向上にもつながります。

 ここからやってみよう！

まずは大人がエスコートする見本を示して、子どもにやり方を教えてあげましょう。声のかけ方、歩くペースなどを子どもにイメージさせることからはじめてください。また、遊びを終えたらエスコートした子、エスコートされた子に、それぞれ感想を聞いてみましょう。

あそび 49 ステッキ・ステッキ

あ そ び か た

まず、新聞紙を縦長に丸めてステッキをつくります。ステッキが用意できたら、子ども2人と大人ひとりで1組、もしくは子ども3人で1組になり、回る方向を事前に3人で決めましょう。それぞれがそのステッキを垂直に床に立ててもちます。

「せーの」の合図で、全員が自分のステッキから手を離し、隣の人のステッキをキャッチします。これを繰り返して、ステッキを倒さずに何回キャッチできるかに挑戦します。

3人がステッキを垂直にもって輪になる

せーの！

「せーの」のかけ声で自分のステッキを離し、隣の人のステッキをキャッチする

✦ 効果とねらい ➤
- 集中力を高めて、体をスムーズに動かす
- 相手とタイミングを合わせる

注意点 ➤
- 事前に左隣・右隣のどちらの人のステッキをキャッチするのかを決め、回る方向を間違えないようにする
- 子どもたちに準備ができたことを確認させる

あそぶときの **アドバイス**

物事を自分のペースで進めがちな子には、「せーの」の声をかける役割をまかせることで、ほかの子どものペースを意識させてみましょう。ほかの子どもの準備状態に意識を向けることを促します。大人は、「みんなの用意ができたことを確認してね」と伝えておきましょう。合図をしたときに動く方向を間違えそうな子がいる場合は床に矢印などを書いて、視覚的な手掛かりを用意してあげましょう。

あそびを **アレンジ**

▶ みんなでステッキ

みんなでステッキ

　4人以上で大きな輪になり、それぞれがステッキをもちます。「せーの」の合図で隣の人のステッキをキャッチするのは「ステッキ・ステッキ」と同様です。

　人数が増えるとタイミングを合わせるのがむずかしくなりますが、失敗しても大丈夫。失敗することで、次にどうしたらよいかを考え、再挑戦を繰り返すことができます。「失敗は成功のもと」「ピンチはチャンス」という体験ができます。

 ## ここからやってみよう！

　「ステッキ・ステッキ」は、失敗から学び、最終的には成功体験や達成感を得られる遊びです。仲間と協力する「チームビルディング」の要素もあります。第7章で紹介する運動遊びは、感覚統合とソーシャルスキルの視点をかけ合わせたものばかり。自由遊びでも一斉活動でも取り組めます。

ボディイメージちゃん

ルックセンサーちゃん

バランスセンサーちゃん

あそび 50 ボールを集めろ

あそびかた

部屋にボールをばらまきます。その中に印がついたボールを6〜10個ほど入れておきましょう。「よーいドン」の合図で、子どもは印のついたボールを探しに行きます。印があるボールを見つけたら、ボールと同じ印が書いてある入れ物にボールを入れます。全部見つけたら終了です。

「急ぎすぎて、お友だちにぶつからないように。お友だちのボールを取らないように」という約束をします。

使う道具
- ボール（印がついたボールを6〜10個）
- 紙皿など（6〜10枚にボールと同じ印を書く）

たくさんのボールの中から、印がついたボールを探す

ひとつ見つけたらもってくる。ボールと同じ印が書いてある入れ物に入れる

大人は印の有無と、正しい場所にボールを入れているか確認する

✦ 効果とねらい
- 膝、股関節、足関節の筋肉のコントロールにつながる
- 遊びに熱中することで集中力が養われる
- 距離を保ったり、コミュニケーションをとったりする練習になる

注意点
- 子どもどうしの衝突に気をつけて、周りの安全に注意する
- 友だちのボールをとったり、友だちを押したりしないようにする

「立つ」「座る」の運動を繰り返したり、腰を下ろして移動したりする動きは、股関節や膝、足関節をコントロールする力を養うことにつながり、姿勢の発達を促します。印のついたボールの数を多くしたり、印をマークでなく数字にしたりするのもよいでしょう。子どもの発達段階によって、ボールの数や大きさ、印（マーク）のつけ方などはアレンジしてみましょう。

この遊びは、下肢の土台をつくる動きが多いため、2〜3歳くらいの子どもたちにもおすすめです。

お玉に入れて運ぼう

▶ お玉に入れて運ぼう

見つけたボールをお玉に入れて、落ちないように運びます。お玉で運ぶので難易度がアップします。

▶ 覚えて運ぼう

大人は「リンゴ」「ミカン」「キリン」などと指示を出し、子どもはその絵が貼られたボールを探してきます。「言葉を覚えておきながら、行動する」といった短期記憶のトレーニングになります。

 # ここからやってみよう！

ゲーム感覚で体を柔軟に動かします。また、たくさんのものの中から必要なものを見つける力を「跳躍性眼球運動」といいますが、これは「追従性眼球運動（P.29参照）」と同様に、形を捉えたり、距離を測ったり、バランスをとったりするのに必要な「見る力」を養います。

column　アンガーマネジメントの視点も大切に

　「怒り」は誰でも感じるもので、この「怒り」は大切な気持ちのひとつです。しかし、頻度が高く、持続し、攻撃性がある場合は扱いがむずかしくなります。うまく付き合う方法を見つけるには、怒りの発生するシステムを理解することが必要です。

　感覚の偏りをもつ子どもたちは、イライラやストレスを感じやすいということは本書で理解いただけると思います。このイライラやストレスを「アンガーマネジメント」という理論では「第一次感情」といいます。たとえば、イライラの感情が「水」だとします。それが徐々にコップにたまっていきます。最後は、今にもあふれ出しそうなコップの水となり、最後の1滴が入るとワーッとあふれ出ます。このあふれ出た水が「怒り」です。怒り出すのは急なことのように見えますが、じつは急ではありません。目に見えないだけで「怒り」

の準備は始まっているのです。そしてこの「怒り」を「第二次感情」といいます。つまり、第一次感情であるイライラやストレスがたまり、何かのきっかけで第二次感情の怒りへとスイッチが切り替わるというのが、「怒り出す」というシステムです。

　子どもは無意識にこの第一次感情を調整し、「怒り」の感情までに至らずにいるのですが、この調整がうまくいかないと「怒り」として表現され、本人も周囲もつらい状況になります。つまり第一次感情をいかに調整するかが大切なポイントなのです。

　イライラやストレスにつながる不快な刺激の調整に目を向け、環境をできるだけ調整しておきましょう。本書でも解説している環境の調整と、好きな感覚でリラックスする方法をヒントに、第二次感情の怒りに至らないように先手を打ってください。

子どもがストレスを感じやすいことは？

　　□急な変更　□負けたとき　□強い言葉で指示や注意をされたとき

　　□たくさんの刺激がある環境　□失敗したとき

　　□その他（　　　　　　　　　　　　　　　　　　）

　　※イライラを軽減する配慮とともに、イライラを軽減する安心グッズを見つけておきましょう。

著者

藤原 里美（ふじわら・さとみ）

一般社団法人チャイルドフッド・ラボ 代表理事／臨床発達心理士／早期発達支援コーディネーター／保育士

公立保育園・東京都立梅ヶ丘病院・東京都立小児総合医療センター・明星大学非常勤講師を経て現職。感覚統合について、児童精神科病院の療育現場で学び、実践してきた。

発達障害のある子どもの療育、家族支援を行うとともに、園の巡回や発達支援の研修など、支援者育成にも力を注ぐ。「子どもを変えずに、子どもの周りの世界を変える」支援方法により、現場や家庭で実現可能な実践方法を発信している。

- ● ホームページ：https://www.childhood-labo.link/
- ● YouTube：「藤原里美の発達支援ルーム」で検索

「遊び」のアイディア提供

小谷 照代

日本福祉大学卒。作業療法士。急性期病院や高齢者施設でのリハビリテーション、特別支援教育支援員などの経験を経て、現在、発達サポートよつば管理者兼児童発達支援管理責任者。発達支援専門士、発達障害児支援士。

定金 雅子

株式会社ここん 代表取締役。川崎医療福祉大学を2005年に卒業し、作業療法士となる。海外で発達支援や幼児教育について学ぶ。帰国後は、育児発達支援を専門に行う会社を設立し、親子支援、園や療育施設のコンサルテーションを行なっている。

佐藤 明子

まーぶる株式会社 取締役兼営業部長。作業療法士。2015年から、多機能型事業所である「児童発達支援 保育等訪問支援 ま〜ぶる・び〜と」を運営。「現場×発達支援」を、現場の作業療法士として発信している。

その他の協力者

原口恵（東京都立小児総合医療センター育成科）／齋藤美智子（伊東市立富士見保育園）／永宮千里（音楽療法グループにじおとひろば代表）／牧角玲子（リトミック講師・早期発達支援を学ぶ会（鹿児島）代表）／水村遼太郎（社会福祉法人上長渕保育園）／山崎友之／羽鳥真奈美・伊藤幸恵・黒葛真理子（一般社団法人チャイルドフッド・ラボ）

参考文献

〈書籍〉土田玲子（監修）『感覚統合 Q&A 改訂第2版―子どもの理解と援助のために』（協同医書出版社）

木村順（著）『育てにくい子にはわけがある 感覚統合が教えてくれたもの』（大月書店）

東根明人（著）『楽しみながら運動能力が身につく！ 幼児のためのコーディネーション運動』（明治図書出版）

〈ウェブサイト〉一般社団法人ビジョントレーニング協会 ホームページ「ビジョントレーニングとは」

Staff

本文デザイン	三輪明日香（Nicoli-Graphics）
カバーデザイン	松田剛、前田師秀（東京100ミリバールスタジオ）
カバー／1章イラスト	おおたきょうこ
2〜7章イラスト	藤田ヒロコ
編集協力	有限会社ヴュー企画

乱丁・落丁などの不良品、内容に関するお問い合わせは
小社ウェブサイトお問い合わせフォームまでお願いいたします。
ウェブサイト　https://www.nihonbungeisha.co.jp/

発達が気になる子の
感覚統合遊び

2024年 6 月 1 日 第1刷発行
2024年11月20日 第4刷発行

著　者	藤原 里美
発行者	竹村 響
印刷所	株式会社光邦
製本所	株式会社光邦
発行所	株式会社 日本文芸社
	〒100-0003
	東京都千代田区一ツ橋 1-1-1　パレスサイドビル 8 F

Printed in Japan 112240522-112241106　Ⓝ04（180021）
ISBN978-4-537-22209-8
URL https://www.nihonbungeisha.co.jp/
©Satomi Fujiwara 2024